《金門學》叢刊　KM007

金門歲時節慶

楊天厚、林麗寬／著

目錄

金門歲時節慶 楊天厚、林麗寬‧著

輯一／端月（正月）　　　　　　　　　1

不定日（二月十八日以前均可）——紫雲始祖——黃守恭（俗稱
　　迎四安祖）

國曆二月四日或五日——立春

國曆二月十九或二十日——雨水

輯二／花月（二月）　　　　　　　　　　17

初二日——福德正神、聖侯恩主聖誕

初三日——金城小西門文廟文昌公聖誕

十五日——春祀（做春秋）

十九日——觀音菩薩聖誕

二十一日——普賢菩薩聖誕

國曆三月五日或六日——驚蟄

國曆三月二十一或二十二日——春分

輯三／桐月（三月）　　　　　　　　　　21

初三日——玄天上帝聖誕：各寺廟皆設醮祝禱

十五日——保生大帝聖誕：各寺廟皆設醮祝禱

十六日——千手千眼準提菩薩聖誕

十七日——金寧西堡村岳府元帥聖誕

十八日——金寧榜林村嘉水爺伯聖誕

十九日——金沙山后村六姓府、東店村太陽星君聖誕

二十日——註生娘娘聖誕：金城香蓮廟設醮

二十三日——媽祖聖誕：各寺廟皆設醮祝禱

二十六日——金寧榜林村侯府王公聖誕

二十八日——金城五嶽大帝聖誕

國曆四月五日或六日——清明節

國曆四月二十或二十一日——穀雨

輯四／梅月（四月）　　　　　　　　　　33

初一日——金沙鎮沙美、田埔大士爺聖誕

初四日──文殊菩薩、金沙東埔太子爺、鶯山廟石將軍聖誕

初八日──釋迦牟尼佛聖誕

十二日──城隍爺、蘇王爺聖誕

十五日──烈嶼青岐李府仙祖聖誕

十八日──烈嶼西方觀音佛祖聖誕

二十二日──烈嶼東林洪府元帥聖誕

國曆五月六日或七日──立夏

國曆五月二十一或二十二日──小滿

輯五／蒲月（五月） 53

初五日──端午節划龍舟、演高甲戲、拜土地公；藍賓王聖誕

初六日──金湖山外林府王爺聖誕

初十日──金湖鎮湖前金王爺、烈嶼湖井頭真異大師聖誕

十三日──關帝爺聖誕：各寺廟普設醮壇慶賀祝禱

十四日──烈嶼青岐烈女廟王仙姑聖誕

十五日──金寧安岐王公、烈嶼青岐長房關帝爺聖誕

十六日──金湖成功村溫王爺聖誕

十七日──金城鎮金門城古地城隍廟城隍公聖誕

十八日──烈嶼青岐、庵頂天師公、林邊李府將軍、埔頭吳府王
爺聖誕

二十八日──烈嶼埔頭村吳府王爺聖誕

國曆六月六日或七日──芒種

國曆六月二十一或二十二日──夏至

輯六／荔月（六月） 75

初一日──烈嶼西吳村田府元帥聖誕

初二日──金城西門里韓王爺聖誕

初三日──韋馱菩薩聖誕

初六日──金寧埔邊村金王爺聖誕

初八日──烈嶼青岐村、雙口村朱王爺聖誕

十二日——金沙后宅村池府四公子聖誕

十五日——吃半年圓

十六日——金城后豐港村田元帥聖誕

十八日——池王爺聖誕：金城東門里代天府等寺廟皆設醮祝禱

十九日——觀音佛祖聖誕

二十四日——金寧古寧頭村雙鯉古地廟關帝爺、西浦頭村高王爺
　　聖誕

二十九日——金城鎮金門城村東門張公聖誕

國曆七月七日或八日——小暑

國曆七月二十三或二十四日——大暑

初一日——開天門

初七日——七夕：拜七娘媽、拜床母

初八日——金湖新市里普度

十一日——金城南北西街普度

十二日——金湖瓊林瓷土公會祭拜好兄弟、金城西門新把剎（第
　　二菜市場）普度

十三日——大勢至菩薩聖誕、金寧榜林村普度（如今改為十五日
　　普度）、烈嶼上林村高厝李府將軍聖誕

十五日——中元節

十六日——金城北門地區普度

十七日——金城東門地區普度

十八日——金城中街（今之莒光路）普度

十九日——金寧安岐村、金湖瓊林村兩地普度

二十日——金城南門地區普度

二十一、二十二日——金寧古寧頭（南、北山、林厝）地區普度

二十三日——金寧湖下村普度

二十四日——金城東門菜市場普度

二十五日——金城抬轎巷一帶普度

二十六日──金城西門地區、金城鎮金門城村兩地普度

二十七日──金城觀音街普度

二十八日──金城南門里小正普度

二十九日──金城安和社區、后豐港村，金湖小徑村三地普度

二十九或三十日──關天門

三十日──地藏王菩薩聖誕

國曆八月七日或八日──立秋

國曆八月二十三或二十四日──處暑

輯八／桂月（八月） 109

初一日──烈嶼上庫村地藏王聖誕

初二日──烈嶼東林、后宅九天玄女聖誕

初五日──金沙西山前邱王爺聖誕

初六日──金寧后沙村魏府將軍聖誕

初九日──金寧古寧頭愛國將軍聖誕

十二日──金沙官澳黎王爺、金城歐厝金王爺聖誕

十五日──中秋節：做春秋（秋嘗）、放天燈、搏狀元餅

二十日──金城南門萬神爺聖誕

二十一日──金寧中堡包公聖誕

二十二日──廣澤尊王聖誕：金沙官澳、呂厝、內洋、后壟皆設醮

二十三日──金沙山西邢王爺、烈嶼后頭媽祖聖誕

二十五日──金沙浦邊黑旗將軍、山后金王爺、金湖新塘李府將
軍聖誕

二十六日──金湖西村林王爺聖誕

二十七日──金城延平郡王聖誕

二十八日──金城安和社區雷、金、康王爺聖誕

國曆九月八日或九日──白露

國曆九月二十三或二十四日──秋分

初一日——烈嶼湖井頭白先生聖誕

初三日——金寧安岐鎮國將軍聖誕

初六日——金沙新前墩董王爺聖誕

初七日——烈嶼東坑清雲祖師聖誕

初八日——金寧西浦頭李光前將軍聖誕

初九日——重陽節。厲王爺、金沙田墩西嶽華山金天順聖大帝、
　　金城水頭村勇伯公、金寧古寧頭南山王仙姑聖誕設醮

十二日——烈嶼湖下黃府將軍聖誕

十三日——金寧下埔下愛國將軍聖誕

十五日——金城朱子誕辰、金沙碧山村田都元帥聖誕

十六日——金沙鎮沙美、營山三忠王聖誕

十九日——觀音菩薩聖誕

二十一日——金沙陽宅普庵佛祖聖誕

二十四日——金城官路邊金王爺聖誕

三十日——藥師佛準提菩薩聖誕

國曆十月八日或九日——寒露

國曆十月二十三或二十四日——霜降

初十日——金城南門水仙禹帝、泗湖五主柳府王爺聖誕

十二日——金寧湖下村送王船

十八日——金湖庵邊金王爺聖誕

十九日——金寧昔果山閭山法主聖誕

二十日——金城吳厝吳府大千歲聖誕

二十一日——金沙五鄉大太子聖誕

二十二日——金沙東沙尾小太子爺聖誕

二十五日——金城水頭李王爺、金湖料羅代天巡狩廟王爺聖誕

二十六日——金湖料羅三漁王聖誕

金門。空中起百代文章

◉陳水在

金門雖爲蕞爾島地，自古文治武功卻蜚聲遐邇。先民自晉時中原板蕩，避五胡入浯闢墾；唐時設監牧馬，成爲戰騎供應地；宋時朱熹主簿過化，文風興盛，歷代人才輩出；明末鄭軍據島抗清，並爲轉進台灣驅荷之跳板，現時又爲戰役紀念國家公園文化聖地。草闢迄今，凡一千六百餘年，歷代姓族之移入，匯聚諸多中華燦爛文化。

上下古今，金門人文之奇，金門賢聚（厝）出身的明尚書盧若騰在《募建太武寺疏》中說：「若夫人世之內，海上之奇稱者，我浯而外無兩焉。」浯就是浯洲金門。金門文武二山，太武山「蜿蜒起伏，挺爲巨巖，尊嚴莊重之勢，不屑與翠阜蒼巒爭妍絜秀」，所以自古即爲紫陽過化，人文淵藪，歷史顯宦及名儒輩出之地。

金門的發源可上溯於晉，歷唐宋而入版圖，因南宋朱熹任同安主簿，兩度來金講學，設「燕南書院」於燕南山（今古區太文山麓），而有文風。明洪武二十年，守正千戶周德興設金門守禦千戶所，築金門城，與廈門城相呼應，從此浯洲稱金門。由於位居我國東南，地勢險要，明清時期以還，即爲嘉禾、泉南之捍門，台灣、澎湖之鎖鑰。因此，自古以來不僅成爲兵家必爭之地，而

且鍾靈毓秀，屏藩天造，雖迭經人爲和天然的浩劫，仍然留下爲數可觀歷史足跡和珍貴的文化資產。

古蹟、建學、文物、語言、風俗是歷史文化的見證，也是先民活動的紀錄，縱觀中國大歷史的演變，台灣首五大姓陳、林、李、許、蔡之第一位渡台開基者，全係由金門過海徙來。「開台進士」鄭用錫、「開澎進士」蔡廷蘭均爲金門人，足可佐證金門乃中華文化傳衍到台、澎，及至南洋一帶的中繼站。

在歷史的洪流中，透過時間的考驗、空間的改造以及人事的變易，金門就像一顆越磨越光的寶石，在不斷的歷練中，綻放著歷史的光芒。然而，社會環境改變了人們的生活，使原本台閩一家的文化淵源，逐漸被漠視與淡忘；現代金門的戰爭結構，淹沒了金門的人文主軸。實則，金門力量的拓展與延伸，來自人文傳統與軍事角色，如此深刻緊密地纏結爲一體；金門的魅力，不僅顯現在「固若金湯，雄鎮海門」的軍事面，更彰顯於「空中起百代文章」的人文面。

金門自晉元帝建武（西元三一七年）發跡以還，留下難以計數的歷史之奇、人文之美，金門，其實就是一部中原文化的縮影本。值此金門開基一千六百餘年，建縣八十周年之際，倡導「文化立縣」的金門縣政府與民間學者、出版社共同合作推動《金門學》叢刊的出版問世，充份發掘研究、整合金門的歷史，地理、民俗、語言、文物，期能呈現金門「傳統與現代」、「戰爭與和平」、「政治與人文」、「島嶼與國際」、「古蹟與環保」的金門全貌。

《金門學》叢刊的編輯理念，建構於全球「島嶼文化」的蔚爲風潮，以及李登輝總統「生命共同體」、「社區主義」、「文化造產」的實踐；藉由這套書的出版，讓我們爲金門舊日的榮名，表達感恩之心，也爲金門坦磊光明的明天，馨香祝禱。（陳水在，金門第一屆民選縣長，《金門學》叢刊總策畫）

金門。天地間的清音

◉龔鵬程

一九九〇年前我赴海南島開會，討論中國現代化的問題，後來海南島的朋友們綜合我的一些建議，提出了一個《海南學》的觀念和架構，積極推動。迄今已編輯了若干史料，出版了幾種專著，辦過幾次國際研討會了。

在個偶然的機會中，我向楊樹清先生介紹了《海南學》的發展。他大感興趣，覺得他的家鄉似乎更具有發展成一門獨立學科的條件，開始鼓吹成立《金門學》。

的確，金門的歷史及其特殊地位，是無與倫比的。晉朝時即有衣冠南渡於此，唐朝闢地牧馬，宋朝以後，文教日昌，朱熹曾來講學，聲華穌林，有「海濱鄒魯」之稱。不僅居民以中原宗族社會及生活習俗自負，且歷代出過四十三位進士，有「人丁不滿百，京官三十六」的美譽。這樣的人文成就，可說全國罕見。

但文化的島，也是一座飽歷滄桑的島。居住在島上的人，有許多是歷經東晉、南宋中原亂離而蹈海避秦於此地的。可是自明朝起，海寇即常在此出沒。明末鄭成功則以此爲復興基地。鄭成功移墾台灣以後，清朝經營了一陣，又爲日本所據。直到抗戰勝利後才再收歸版圖。乃不旋踵，國府南遷，金門竟成反攻前哨，鐵與血，重新雕塑著金門的面容，「海上仙洲」的舊名，遂漸漸

隱入歷史的煙硝中。

歷經四十多年戰火的洗禮，金門現在又將成爲一座新型態的國家公園了。戰史、民俗、人文、糖和酒，構築混融出特殊迷人的姿態，格外值得探究。

而金門長期與南洋互動的關聯，在這個新海洋時代，也是應予特別注意的。

區域史原本是國史的基礎，可是現今區域研究事實上又已超越了國家歷史的範疇。通過金門，我們更可以看見南太平洋複雜的政經文化族羣國際關係。

這樣的島嶼，這樣的條件，自然足以發展成一門內涵豐富的《金門學》。在這門學科中，除了編輯整理有關金門的史料，呼籲各界重視並研究金門、關心金門的前途以外，更探討金門的歷史地位和意義，發展金門的觀點。《金門學》，不但應鼓勵世界各地學者專家文士藝師來研究金門，也當以金門的角度，形成金門的文化觀、歷史觀、世界觀，來和各界對話。在這樣的研究中，逐漸形成這門學科的方法論和理論體系，視野延伸向歷史，也伸展向未來。

換言之，所謂《金門學》，並不僅具有一種緬懷鄉土、擁抱歷史的意涵，並不只是金門人思鄉情緒的表現而已。它具有深遠厚實的客觀學術意義，未來必能在學術領域上表現它不可忽視的潛力。

現在這種意義和潛力，經楊樹清鼓吹，金門縣長陳水在促成，李赫先生支持推動，已經在世人面前顯露了它初生的啼聲，讓我們聽見了天地間一個不可漠視的清音，我們一齊來傾聽吧！

（龔鵬程，師大文學博士，佛光大學校長，《金門學》叢刊總校訂）

金門。大歷史下的一頁驚奇

◉楊樹清

金門，真是一塊難以描述、謎樣般的海島。

金門地理位置是「中國大陸福建南部廈門島之東」，土地面積150.45平方公里，西元一九九五年的居民人口數約47,000人之譜。

這樣一塊孤懸海上的蕞爾小島，很難相信，金門開基迄今已歷1677年之久。

打開中國發跡史，也不難讀出一頁屬於金門的驚奇。

晉元帝建武年間（西元三一七年），金門已出現人煙，中原多故，義民逃居金門（舊稱浯洲），有蘇、陳、吳、蔡、呂、顏六姓。

唐，德宗貞元十九年（西元八〇三元），牧馬監陳淵率十二姓開墾金門。

後唐閩帝永和元年（西元九三五年），置同安縣，金門直屬。凡山川海島，不科徵稅。

宋，太平興國元年（西元九七六年），島民有了輸納戶鈔。熙豐間開始立都圖。嘉定十年，真德秀知泉州府，曾經略料羅戰船。咸淳年間，復稅，弓丈量田畝，給養馬。靖康變後，宋室南渡，泉州人紛到金門設堰築埭，劃海為田。宋末，元兵順江東

下，帝昺溺海，一般志士遺民不甘被虜，相率南奔，金門也成了一塊避居地。朱熹任同安主簿，至金門設燕南書院，教化金門子民，致往後人文蔚起。

元，大德元年（西元一二九七年），建浯洲場，徵鹽。至大六年置管勾司。至正二年，改爲同令司。

明，金門仍屬同安縣，洪武元年（西元一三六八年）改鹽場司爲踏石司，再改爲鹽課司。洪武二十年，置金門守禦千戶所。明末，鄭成功據金門，隆武二年（西元一六四六年），清破福州，鄭成功會明朝文武舊僚於金門烈嶼吳山，訂盟復明。永曆十八年，清兵佔據金廈兩島，焚屋毀城，金門一度成爲廢墟。永曆二十八年，耿精忠據閩反清，金門士卒多入台支援，鄭成功之子鄭經鎮守金門。永曆三十三年，清兵在料羅灣與鄭軍展開追逐戰，鄭經退守台澎。

清，康熙十九年，清兵入主金門，沿用明制隸金門於同安，置金門鎮總兵官，轄中、左、右三營。康熙二十二年以後，被迫遷徙到內地的島民回到金門。雍正元年，置浯洲鹽場大使，十二年後移同安縣丞駐金門。乾隆三十一年，縣丞移灌口，以晉江安海通判移駐，四十年通判移馬巷，金門田賦歸馬巷廳分徵，四十五年復設縣丞。道光年間，鴉片戰爭後，五口通商，廈門闢爲商埠，金門人大量湧向南洋謀生。同治七年，撤裁金門鎮，改置協鎮副將及中軍都司。宣統三年，辛亥革命，民軍光復金廈，成立臨時民政廳。

中華民國四年，金門設立縣治。日據時代，日本以一中隊駐守金門，迫島民種植鴉片及土法構築機場。縣府遷大嶝，三十八年，大陸棄守，國軍於金門設防衛部，是年十月二十五日，爆發古寧戰役。四十五年，金門「實驗戰地政務」化身軍管區，福建省政府被迫遷台。四十七年八月二十三日起四十四天內，中共砲擊，面積僅150平方公里的金門島羣共承受了474,910發砲彈，平

均每平方公尺的土地落彈四發，密度之高，世界絕無僅有，使近代史上金門成了「軍事」的代名詞……。

金門一千六百年可概分為「難民時期」、「人文時期」、「軍事時期」、「開放時期」四大屬性。金門受朱子教化，歷代出了四十三名進士、一百三十餘舉人，科甲之盛冠於全國，而寫下「人文金門」的驚奇。然自滿清入關以迄一九四九年國民黨軍隊退守，金門的「人文氣質」已為「軍事特質」所淹沒。

翻開金門史，我們可以看到這樣的記載：「金門海濱撮土耳。惟自宋以還，昉辟薦、登科第、起歲貢而育蓍者，彬羣秀，甲於上都，文風之盛，夙稱於時。」這樣的記載絕對「信而有徵」。溯自南宋大儒朱熹任同安主簿即兩度到金門講學，在金門燕南山設燕南書院，並於觀風金門時說：「此日山林，即他日儒林。」受朱熹教化，明代至清代，金門科甲冠冕十方，人文薈萃，留下諸多像「一榜五進」、「八鯉渡江」、「父子進士」、「金門無地不開花」等讀書佳話。一千六百年來，歷代金門共出了四十三位進士，其中以文官占多數，因而也留下許多藝文存目，使得古稱浯洲的金門，人人都以「貴島」論之，擁有「海濱鄒魯」的盛名。

探索金門文學作品，宋代丘葵著有《周禮全書》、《釣磯詩集》等十餘種。明代邵應魁著有《榕齊射法詩稿》，洪受著有《四書易經從正錄》、《滄海紀遺》，陳廷佐著有《山房學步詩集》，蔡復一著有《督黔疏草》、《遯庵全集》，蔡貴易著有《清白堂詩文集》，許獬著有《四書合喙鳴》、《叢青軒詩文集》、《九九草》等，盧若騰著有《留庵詩文集》、《島上閒情偶寄》等。清代，盧勗吾著有《戲餘草》，林文湘著有《酕醄山房詩文集》，林焜熿著有《宮閨詩話》、《竹畦筆塵》等，林樹梅著有《嘯雲文鈔》、《嘯雲鐵筆》等。

從這張最早的金門文人「書目」可以回想得到，古金門士林碩望，文苑名流，比肩接踵，有以經學見重，有以制藝董聲翰

苑，有長於經濟而湛詩賦，有精於政事而擅文章，真可説是人文鼎盛，猗歟盛哉，若用一句白話「文學的金門」來形容，應也不爲過。

今人龔鵬程論金門，曰：

——金門，是個很難以描述的海島。

——這個孤懸廈門外海的小島，曾有海盜來往，但也有大儒駐足；土地荒瘠，耕稼不易，卻又文風鼎盛；僻處南方，而竟遍地高粱，宛若北邊；迭經戰亂，反造就了一座海上公園的迷人風光……諸如此類矛盾的形象錯綜交疊，展現了金門特殊的魅力。

——這個魅力，不僅顯示在金門的歷史面，也顯示在金門的人文面。

——從歷史來説，金門的開闢，起源於東晉五胡亂華。所以，金門事實上就是六朝神話傳説裡的「仙鄉」，和陶淵明筆下的桃花源，意義相同。唐代之後，金門成爲海外開發的基地。不論是自然移民於南洋的「僑鄉」，還是鄭成功反清復明的據點，都同樣顯示了金門力量的拓展與延伸，金門成爲逃秦和抗暴的綜合體，仙鄉隱遯的神話，轉而有了生機盎然的精神。

——從人文面來説，可能從沒有一個地方人文傳統與軍事力量，如此深刻緊密地纏結爲一體了。金門的古老屋舍、街坊、廟祠，色彩豐富、造形絕美；對歷史的關懷和對文字的崇拜，也是台灣社會所久已佚忘的。至於整個社會坐者歌而行者舞，居習相覯，穆然古風，更讓人歆羨。

如今，透過《金門學》叢刊的出版問世，我們期待全方位呈現金門與台灣、大陸、南洋的親密關係又有著不相同的社會體制與文化條件，讓世人建立對金門文化上的尊重、關懷、吸引與了解，也讓金門可以在自己特殊的歷史、地理、地位與思考中，真正深入本身的文化體質中探索新的可能。（楊樹清，《金門報導》社長，《金門學》叢刊總編輯）

是誰在撥弄季節琴弦

——序楊天厚、林麗寬《金門歲時節慶》

◉張國治

　　酷暑的七月，回到了金門，依童少即有的行徑，我慣以閒散無事的心情，穿梭於鎮上街道巷弄或鄉下田野之間，拍照、繪圖，或只是深情去凝視一些藍天綠野田疇，對我而言，這是一種全然的舒放，也是對家鄉之愛內心湧動的時刻。

　　那天，在舊拆改建新落成的城隍廟埕前，不期然遇到楊天厚、林麗寬賢伉儷。早先，曾多次拜讀過他們許多有關於金門民俗、風土、俚諺、寺廟建築、民間慶典……等研究的文章，對他們在家鄉所投注的大量熱情，及沈潛的研究、書寫、採訪、調查、記錄等早已深為感佩！去夏，我與他們夫婦倆又有同一機會，隨團赴閩南、黃山、菲律賓遊，多日的相處，雖然不是有太多機會深談，但時日一久，卻又多了一分熟識！

　　這種熟識，更來自於楊君天厚從外在待人接物到有關金門學的研究、著述，都秉持了金門一分舊有典型的質樸、深厚，與乎果敢的堅持，而那是島上良好文風歷史、民情，粗礪的風沙褐土，堅實花崗岩和砲火煙硝肆掠之間所孕育出來的。寫照了砲戰前後金門人一張風霜的面譜，渾厚的生命力。

　　離開家鄉愈久，對家鄉的思念卻更深，人到了近四十年紀，照理原應為不惑而定的心境，這些年拜戰地政務廢除，開放觀光交通便捷之賜，一年多趟往返金門休假探親，卻發覺對金門熱情比往昔更熾熱，精神始終繫之，關於家鄉背負的歷史苦難，過往文風、民情的承續發揚，古蹟建築藝術的維護、文化的建設，以及當今現實中政經、

觀光、民生等命題的關注及未來的出路等問題都莫不投入思考的焦點內，我曾深自暗嘆，我離鄉原爲了許多個人命運的轉折因素而不能積極投入鄉土的建設，也曾親眼目睹台灣一些學有專攻賢達之士爲金門建築、民間藝術、宗教信仰等作註解、記錄，甚而爲金門大建設作規劃藍圖，我就曾發願有一天也能爲金門作些什麼，擴大童年即起以彩筆、文字、影像表現金門的宏圖。這些年，我終於也更欣喜看到了一些師長或同儕們一起爲金門作整理、記錄工作，有關金門的史蹟、建築、俚諺、風土、傳奇、民俗、民間曲藝、民間藝術、田野調查、影像記錄、散文詩作、繪畫、人文的野鳥保護，甚而田間耕作農具之探討等，均有專書出版一一面世，或發表可觀的文獻資料，甚至版圖也兼及福建血脈相關之領域探討。儼然之間，一股所謂「金門學」之風已成爲金門知識分子的顯學，也蔚然成爲金門文風再光揚之氣象！

我亦時常暗忖，金門過去確然有許多文風，然而那究竟是過去的光華，很多面貌也相繼在僅以口耳相傳，缺少文字整理中行將要流失，加上社會變遷邅大快速，深恐作爲金門這一代學人、知識份子若不去記錄整理，則以後就來不及了。幸好！這種危機意識截至目前已不會成爲遺憾！

我們應該爲這些汲汲於金門相關論述、多元表現的作者喝采、給予掌聲，透過這些，成爲我們對家鄉多一分了解的可貴資源，更由於熟識而增加了許多閱讀的樂趣。

楊天厚與林麗寬賢伉儷在這些有關金門著述之中，表現了一種驚人的速度與獲得可貴的成績，在現有的幾本著作，莫不一一吸引我強烈的關注，例如《金門的民間慶典》、《金門殯殮儀典》、《金門婚嫁禮俗》、《金門寺廟》、《金門俗諺採擷》等，透過了他們夫婦倆於斯土斯地真實的田野調查、採訪、記錄、參考文獻和研究發表，揭櫫了許多作爲鄉民，我們身在典章制度、禮儀規範、民俗風土等繁複氛圍其中而不知其所以然的典故緣由。以文字、圖像爲我們提供了可資參照的本土材料，作爲增進鄉土了解的導引。

在《金門的民間慶典》一書中，林麗寬、楊天厚寫下了一段感人的文字：「近兩三年來，筆者夫婦二人，於教書之餘，晨昏不輟，結伴出現在民間古老屋簷下，踩著紅磚、石塊鋪成之狹窄巷道，撫摸那在歷史洪流中被歲月腐蝕的一磚一瓦、一石一木，每每爲那濃郁之古老氣息醺醉得不知身在何處。望著每一位被訪問的慈祥老者，在她（他）們老牙掉盡之乾癟臉龐上，泛起因追憶歷歷往事而浮現之絲絲歡愉，筆者心中真有無比的親切與嚮往。」（註①）著述不只是記錄了金門的文化風采，也刻劃了他們賢伉儷僕僕風塵的往來於鄉野之間，擎起一盞黃昏風中搖曳的油燈，爲金門文風史册照明引路的悲喜歲月。

是誰在撥弄季節琴弦
歲月的老鞋仍然趕路（註②）

一九七六年冬返金，我在〈年歲之歌〉詩中寫下了前面兩個句子。

童少在島上的經驗記憶中，一年四季裡我們總有許多期待，時序運轉，我們總不知誰在主控季節流轉，只知道歲月的步履仍不斷往前走，而在歲月擴張的年輪裡，那許多的期待是繫乎家鄉的歲時節慶而來的，伴隨這些歲時節慶，在困厄艱苦的童少歲月中，有了好吃好喝，有新衣服穿，有零用錢可拿，有各種好戲、熱鬧場景可流連的想望和期待，爲砲火冷戰的島上肅殺氣氛平添了一些生機，也鋪滿了年少純真的記憶層中！

每回在客居的日子，走入異鄉的節慶之中，不免有一種錯愕和默思，十分通俗而又親切讓人勾起童少的回憶。

現在回憶起來，童少的許多歡笑、有趣的事，鮮明的舊時景，生動的畫面，貧困中對生的欲望，飢餓中渴望一頓美食，都來自於歲時節慶中的賜予。例如過新年、天公生、元宵節、各種神爺菩薩的聖誕

拜拜、初一十五的拜拜、各種寺廟設醮祝禱、宗祠祭祀，七夕、普度、中秋、冬至、尾牙、除夕以及各種喜宴節慶等等。在閃爍的畫面中，我依稀記得如何在城隍爺出巡時，尾隨母親隨隊巡香繞境，儀式藝陣隊伍熱鬧喧囂、人海翻騰、流水席的宴客，映襯了一種美好的嘉年華慶典活動，每一想起都覺喜悅，而活動的高潮在童幼記憶中，是提著矮木凳趕往城隍廟埕看戲，即連某一年母親為我買的新衣服在當天穿於身上的興奮之情至今依然感受得到。另外七月普度一條條掛燈寂靜街角燈海迷離閃爍，普度桌各種五花八采紙藝，精雕細琢擺飾的各種瓜果、雞鴨魚肉、糕餅食物的盛宴，更令人印象深刻。又如中秋節將至與姊姊在店前，為斜對面中西餅舖行鄰居包月餅的情景，以及中秋節拜拜、敲鐵皮呼月、投骰子搏狀元餅的兒時印象依然清晰。

　　而這些美好的回憶，如果要一一敘述的話，將是書寫不完的材料。仔細再一想，母親一生的忙碌，整個歲時節慶就是她的日記、流水帳，她永遠有忙不完的拜拜。許多虔敬信仰的圖騰色彩畫面，許多人與人之間雞犬相聞、和協互助的溫馨人情民風，禮儀規範運作，都繫乎島上的歲時節慶流轉。許多年節的記憶仍存在歲月的貯釀之中。

　　楊天厚、林麗寬的新書《金門歲時節慶》，將要為我以及砲戰前後出生的鄉親勾起許多鮮明的記憶，隱藏於記憶角落的故鄉情懷，並將為新生代的金門人提供一分可觀的家鄉歲時節慶誌，原來是民間依時順序的生活節奏、步伐，原來是家庭內口耳相傳，或只是束之高閣的文獻典籍記載，經由知識分子的理性整理，文字記錄書寫，由於記載翔實，成為一分普遍、通俗、可讀的備忘錄，可資參考的典故、典籍索引。然而，我們從中也可看得出島上宗教信仰的多元，傳統禮制規範、儀的繁複，節慶活動的頻繁，這些亦伴隨著這二、三十年新生代外流遷徙台島，甚或年輕一代接受工商化社會變遷衍生的新思想，即使回到故鄉亦難以遵循古禮古法走，許多儀式由繁化簡。舊有的一切是否仍契合金門現階段快速的追求現代化之需求呢？

　　許多典章制度，節日慶典及民俗禮儀活動如果不可廢又有保存價

值，同時也能深入民間，那麼，如何承繼古文風而又採折衷作法，發展出一套比較合乎現代化需的民間歲時節慶，深入扎根於成長中的中青新生代金門人生活中，恐怕仍是值得深思的。

許多人在當今現代訊化的生活中，不免也常感慨歲時節慶、年節的意味淡了、薄了！問題是在快速的現代化腳步中，我們是否仍願意回去找一雙歲月的老鞋趕路？我們在資訊化下的時代獲得許多新的衝擊許多饋享，但心靈上同時也失去舊有的那一分溫馨美好！

什麼是金門人可貴的文化資產，精神能源，鄉土情懷？作爲浯島子民，我們不得不嘿然沈思。

《金門歲時節慶》除了一般節氣傳統年節民俗活動記錄外，也記錄了金門處於海島風沙地理位置，先民對宗教的虔敬，設醮祝禱聖誕活動特別頻繁，祈求庇佑平安是一個主軸，更表達了金門子民追根溯源、敬天禮地與土地萬物共存共榮生活化的祭典模式，尊重生命、尋求和諧，並發揮了金門人傳統聚落社會那種休戚與共、互助合作，萬物相照應的美德！

在國家文化建設以社區總體營造提倡展開之際，《金門歲時節慶》之出版或當爲我們提供更多文化思考的方向！

註①：《金門的民間慶典》林麗寬、楊天厚／著，第一九一頁，一九九三年（民八二）六月，台北臺原藝術文化基金會·臺原出版社。

註②：《帶你回花崗岩島——金門詩鈔·素描集》張國治著，第一三四頁，一九九六年三月二十五日，三采文化事業有限公司。

寫在前面

　　民俗節日係人類生活積久而成的習慣，不但與人們作息密切關連，更是人們生命儀典不可或缺的一環。它隸屬喜慶婚喪中的「慶」類，一年到頭各樣歲節或大或小，既多且雜，今爲便於統籌介紹，也爲使大衆對金門歲時節慶有完整的概念，且依農曆時序，並以農曆日期爲主軸，(不得不用國曆說明時，特別注明國曆二字) 由「歲節伊始，萬象更新」的正月逐一敍說。

　　金門因鄰近大陸，早期曾是中原人士避難逃居的所在，在大量移民或多或少的中原習俗帶動下，使得金門民俗深受大陸移民影響，此爲金門民情風俗特色之一。曩昔農業社會的醫藥不發達，瘴癘叢生，瘟疫橫行，人們在無助之餘，不得不多方祈請蒼天庇佑，而使民情風俗較具宗教色彩，此爲金門民情風俗特色之二。戰地政務四十年的封閉保護，鮮少受到外來環境污染，而仍保有許多古早的中原傳統，此爲金門民情風俗特色之三。

　　金門由於移民和自然環境，以及敬畏天威等因素影響，長久以來民間信仰乃形成儒家、道家、佛家雜採，且可同堂共拜的特殊景象。一年之中大小拜拜不計其數，除下列歲時節令之外，每月初一、十五都要焚香膜拜；初二、十六要敬拜地基主和犒軍拜門口；有汽、機車人士還要拜車公等。值此時代遞嬗、醫療日進千里的今日，這許多人們生活的儀典或稱不上科學，或稱之爲迷信，但不容諱言地，它仍是民間信仰的力量，也仍是金門人凝聚力的所在，身爲金門人，豈能對它無所認識呢？

　　爲使所收錄的歲節儀典真切翔實，本書完全以親自採訪的田野調查爲主，涵蓋範圍遍及金門五大鄉鎮——金城鎮、金寧鄉、金湖鎮、金沙鎮、烈嶼鄉。除非特別說明爲某地某村獨有的節日慶典，否則即

屬金門區性質的活動。無法考察的事蹟概不收錄，以免抄襲成俗，一錯再錯。

　　由於受採訪的主要報導人士眾多，不克一一踵謝，謹此申致萬分謝忱。其中尤以埔後村法師陳梅濤先生不厭其煩講述慶典儀節旨趣；金城奇香糕餅店老闆楊國慶、蔡碧輝賢伉儷指導節慶用糕餅種類及內涵；金城糊紙師傅翁明鑫先生悉心對糊紙神祇的解惑；金門觀光協會總幹事楊再平先生的熱切扶助出版；金門縣議會主任祕書李增德老師多方鼓勵；板橋國立台灣藝術學院工藝學系講師張國治先生百忙中爲作者夫婦譜序，在在均是本書得以順利問世的幕後大功臣，特此一併致謝！

輯一／端月（正月）

●初一日（新年）

　　大年初一俗稱「開正」，須依農民曆或黃曆取吉時焚香開門，謀求來年萬事大吉。晨八點左右，婦女須備菜碗祭拜祖先，謂之「拜正飯」。「正飯」的菜色當中一定要有一道「長壽菜」（由十二葉完整的芥菜烹煮而成）。接著準備紅包及各式茶點迎嘉賓。早餐多數闔家吃素，且只吃飯不喝湯，否則據說出門將常淋到雨。邇來早餐內容已呈自由化、多樣化，鮮少遵循古禮。飯後，父母又依農民曆或黃曆挑選吉利方向，陪同子女們前往該方向的麥田「插麥」（每人拔取一株麥子插在頭髮上或口袋內帶回家），象徵福壽綿長，所以俗諺云：「插麥，吃到鬍鬚頭髮白。」討取吉利。（圖一）

　　這一天同時也是佛教當中的彌勒佛聖誕，各佛寺免不了要慶賀禮讚一番。是後至初四止，每天早晚都要燃香、放鞭炮，洋溢濃郁的過年氣息。由於初一、初二早上皆須祭拜祖先，不得貪睡

圖一：正月初一「插麥，吃到鬍鬚頭髮白」，可以福壽綿長。

，所以俗諺云：「初一早，初二早，初三睡到飽。」此外，又有「初一花，初二柳，初三舉掃帚，初四神落天，初五隔開，初六挹肥，初七七園（或擦園），初八全圓，初九天公生，初十地（公）媽生，十一請子媚，十二著來拜，十三關帝爺生，十四搭宮棚（野台戲棚），十五上元暝，十六小登科，十七也（音ㄇㄧ）項無（什麼東西都沒有）」之說，敘述新年期間熱鬧趨於平淡的景象。

●初二日

為已婚婦女攜家帶眷回娘家的日子，所以俗諺云：「有情有義，正月初二。」婦道人家這一天總不忘刻意梳妝打扮一番，天一亮即偕同夫媚、子女，攜帶各式應時禮品、紅包回轉娘家探望父母親。

●初四日

俗稱「接神」，午後三、四點鐘須燒神馬，迎接觀音佛祖回返人間，因觀音佛祖已於十二月廿三日重返天庭，督管人間職責暫由天神代理，故民間有十二月廿五日天神下降，正月初五日天神返天庭述職之說。甚而以殺豬維生的屠夫，每年公訂不殺生的三天，即為天神下降考察民間善惡的十二月廿五日，天神回天庭述職的正月初五日，以及天公生的正月初九日。

●初五日

俗稱「隔開」，即以此日將過年的景象加以分隔，亦即經過初五，從初六起，一切恢復平常景象，也將陸續出現婚嫁的熱鬧場面。

●初六日

金城鎮古區村回龍宮清水祖師聖誕，該廟建醮的時間為九月二十三、二十四兩天。至於金湖鎮小徑村鏡山岩，則在祖師公（清水祖師）聖誕當天建醮。烈嶼鄉青岐村清水祖殿清水祖師亦於聖誕之日建醮，另外每年十月十五日該廟廟口還有送王船廟會。

●初九日

俗稱「天公生」,清晨,各家各戶皆要搬八仙桌至燈樑下,擺設五牲（雞、鴨、魚、肉、豬頭）或三牲（雞、肉、魚）、菜碗（擺五牲用十六碗,擺三牲用十二碗）、二盤花生粿（一盤紅圓,一盤紅錢,各十二個）、三杯清酒和三杯茶,闔家敬拜天公。八月十五早晨亦有同樣儀式。拜後取部分供品挑往村廟內敬拜王爺。晚近因就學、就業赴台人多,年假又不長,一般都擇家人全聚時日敬拜,很少在初九當天舉行。又擔憂清晨敬拜時家人起不來,也多改在晚飯後行拜居多,早期使用的牲禮亦有部分人家改用水果替代,五牲用五種水果,三牲則用三種水果。（圖二、三）

圖二:正月初九敬天公,祈求好運道。

圖三：懸掛於客廳燈樑下面的天公燈略低於天公爐，象徵「出丁」，子孫連綿。兩側爲新郎燈。

待一切就緒後，全島善男信女扶老攜幼，紛紛齊登太武山海印寺（又稱太武巖寺）。寺中原供奉通遠仙翁，何時起改祀觀世音菩薩則不可知。海印寺爲一座七百多年古刹名寺，平時並不舉行建醮儀式，然每年正月初九日則舉行「貢天」科儀，前往膜拜的信徒絡繹於途，熱鬧非凡。昔日登高膜拜後的善信，大都在午後時分，自高坑、何厝之間的小徑拾級而下，順道前往金沙鎮呂厝村看熱鬧，因這一天是呂厝鶯山廟（俗稱西宮）羅舍人聖誕之期。民國初年不但設醮，同時還會在廟前海灘舉辦隆重的賽馬活動。自太武山魚貫而下的善信，剛好可以躬逢其盛。（圖四～六）

是日與八月十五日兩天且爲金沙鎮大地村環江宮棟境公聖誕。該村建醮時間則爲十月二十一日。是日爲「五鄉太子」神誕之期。這一尊太子爺神祇爲金沙鎮田埔、內洋、大地、新前墩、東沙尾五個村落所共有，並由上開五個村落輪流供奉，俗稱「五鄉太子」。其中內洋（包含內洋、東山、東溪三個小聚落）、大地兩村範圍較大、信徒較多，每次輪值兩

圖四：建於南宋咸淳年間，主奉觀音菩薩的太武山海印寺全景。

圖六：位於太武山上的轉播台，海拔標高二九三公尺，為金門島上的新高。

圖五：名聞中外的太武山
「毋忘在莒」勒石

年。田埔、新前墩、東沙尾則各輪值一年。例如民國八十三年由東沙尾當值，八十四年新前墩負責，八十五、八十六年由內洋接替，八十七、八十八年交由大地供奉，八十九年則移交給田埔村，如此週而復始。輪值的村落就將這一尊大太子爺（有別於東沙尾村自己專屬的二太子爺）迎回自己村廟供奉，碰上十月二十一這一天則建醮慶祝。

● 初十日

　　俗稱「地媽生」或「地公生」，須於上午在大廳地上鋪塊竹製米篩，燃對紅燭，擺設葷素菜、果品、糕餅敬拜地媽。地媽的稱呼，在大金門即有明顯的差異：金城鎮、金寧鄉稱之為地公；金湖鎮、金沙鎮則稱為地媽。

● 十一日

　　民初流行在是日宴請子婿，如今岳家請女婿一律改在大年初二當天。

● 十三日

　　關帝爺聖誕。金城鎮水頭村金水寺（前殿供奉關帝爺，後殿拜觀世音）、金湖鎮瓊林村忠義廟、金湖鎮新市里忠義廟、金湖鎮下湖村關聖帝廟皆設醮慶賀。（圖七）

● 十五日（元宵節）

　　正月十五日俗稱「小過年」，也稱「上元暝」、「元宵節」。舊俗須以春餅（或稱薄餅）及糯米裹餡的湯圓祀神，今日金門已不時興拜湯圓，但中午須煎地瓜粉當菜碗拜佛祖。午後，再舉行「犒軍」（犒賞保境安民的軍將爺）和拜地基主的儀式。

　　傳言元宵節係整個年俗活動的最後一日，人們莫不於節前精心製作各式花燈，並於是夜讓孩童提燈遊賞，以及參與射燈謎活動，蔚為奇觀。民國二十年時，金門最大的渡口——官澳還舉行一年一度號稱「做天香」的大型廟會，不但所有神祇皆請出吃三牲粿（即發粿、粽子、三牲或五牲、葷菜碗等供品，大拜拜才有之），

圖七：前殿供奉關帝爺；後殿敬拜觀音菩薩的金水寺，殿前兩側的山牆爲金門寺廟
之僅見。

圖八：元宵節射燈謎活動。

各家忙於慶祝及宴請賓客，熱鬧異常，遠從福建沿海延聘而來的戲班更把建醮氣氛帶到最高潮。（圖八）

　　此夜，不孕婦女尚可竊聽旁人在屋內的談話，做爲探求子嗣的依據，俗稱「聽香」。由聽香者先在自家的觀音佛祖前焚香敬拜，然後依神明指示方位，持筊一枚躲在附近住家屋後，傾聽屋內之人的談話，然後以所聽到的隻字片語回轉家中請示神明，以探子嗣或卜佳壻，據說還靈驗無比哩。

　　金城鎮水頭村後界的惠德宮設醮。據稱，以前的惠德宮一年設醮三次，時間分別是正月十五、五月五日、十月二十五三天。此三者以正月十五日的天公醮最具特色。這一天信徒們都會在廟前廣場擺上五堆火堆，全盛時期據說還專程趕往大陸沿海採購木柴當燃料。五堆火堆呈東西南北中的梅花形排列。過火之前先灑粗鹽，然後依據當年有利的方位，決定過火的先後順序，由法師、乩童、信徒等赤足越過高溫的火堆，祈求風調雨順、國泰民安。因屬金門廟會之僅見，故而盛況空前。（圖九～十一）

　　金寧鄉湖下村雙忠廟屬王爺張巡（大尊王）聖誕設醮。據楊志文先生指稱，湖下村雙忠廟主奉唐朝天寶年間，誓死抵抗安祿山之張巡、許遠，故稱雙忠廟。按張、許兩公皆文武雙全英靈，俗稱爲武安尊王。又稱張巡爲大尊王，許遠爲二尊王，另配祀雷萬春爲三尊王，合併於正月十五日神誕當天設醮。

　　金寧鄉后盤村威濟廟設醮。威濟廟主奉池王爺，聖誕之期本爲六月十八日，建醮之日則提前爲正月十五日舉行。

● 十六日

　　一年中首次做牙，稱爲頭牙。俗稱「小登科，啥樣無」。

　　金城鎮水頭村頂界、中界、下界共有的靈濟宮天公醮，舉行過火的儀式。

● 十七日

　　金寧鄉古寧頭村北山先農廟神農炎帝聖誕，是日設醮慶賀。

圖九：「進金紙」用的「桶盤」。

圖十：「進金紙」及祈求平安賜福的平安粿、彩傘。

●二十五日

　　金寧鄉埔後村雙忠廟屬王爺聖誕設醮。

●不定日（迎四安祖）

　　黃氏族譜：「黃守恭，諱彬，字國材，唐泉州人。樂善好施，舍其宅爲泉州開元寺，開元寺又名紫雲寺，所以守恭公稱爲紫雲始祖。寺在泉州府城肅清門外，舊爲守恭公宅。唐垂拱二年，守恭公夢僧欲化其宅，辭曰：待桑樹生蓮花乃可耳。不數日，桑樹盡生蓮花，守恭公即舍宅爲寺，建大悲閣及正殿，賜額蓮花寺。開元二十六年敕天下佛寺，均改爲開元。其寺至今猶存，中有

圖十一：金城鎮水頭村惠德宮建醮，乩童「進金紙」即景。

紫雲屏，有黃氏檀樾祠，又有東西二塔，名聞天下，東塔號鎮國
，建於唐咸通六年，西塔號仁壽、五代、梁貞明二年建造，東塔
圍十七丈二尺，高十九丈二尺五寸；西塔圍十六丈七尺，高十八
丈七尺。」另黃氏族譜又云：「守恭公生有經、紀、綱、綸四子
，聖僧指點擇地四安分居，垂拱二年，仙化白鶴四隻、袈裟四周
、鑼鈸四塊，四子遂各分居，長經公分居南安縣呂洋，次紀公分
居惠安縣錦田，三綱公分居安溪縣參山嶺下，四綸公分居同安縣
金柄。四子分居四安，子孫繁衍鼎盛，科第連捷，萬葉競秀。」
此即黃氏後裔稱黃守恭為「四安祖」之由來。黃獻鐘先生則進一

步指出，當年四子分居時，黃守恭的愛妾適逢有孕在身，並在娘家焦安順利產下一子，因而黃氏子孫亦有稱他爲「五安祖」的。「五安」即同安、惠安、南安、安溪、焦安五地的總稱。

當年遷居同安縣金柄的黃綸這一脈，傳到二十九世時，由金園、金沙兩昆仲相偕來金，金園落腳前水頭村，金沙則卜居後水頭村。逐次繁衍的結果，目前金門地區已有爲數相當可觀的黃氏後裔，如前水頭村、後水頭村、後浦頭村、西園村，以及人數較少的英坑、後壟、尚義、官澳等村落，號稱「五黃」。每年農曆二月十八日黃守恭得道之日以前，挑選適當時機，迎請其紫雲衍派始祖黃守恭出巡，遠行五個以黃姓子孫爲主的村落，龐大的遊行陣容，喧天的鑼鼓聲、鞭炮聲，爲寧靜的鄉村帶來了濃郁的歡樂景象。爲了便利黃氏後裔參與此一盛會，遊行時間大都選在正月分的假期，此時過年的氣息仍濃，黃氏子孫人不分老中青、地不分東西南北，人人熱烈參與，隊伍所到之處，一片旗海。（圖十二）

圖十二：俗稱「四安祖」的黃氏紫雲衍派始祖黃守恭神像（黃獻鐘先生提供）。

據黃獻鐘先生指出，當年開元寺蓋妥之後，曾出現八種奇特景觀，這也是黃氏族人一直津津樂道之事。此八奇爲：

(1)紫雲蓋頂──開元寺落成之際，天空即時時出現蓋頂紫雲，久久不散，蔚爲奇觀。開元寺亦因此而改名爲紫雲寺。甚至連一向以江夏爲燈號的黃姓子孫，也因此一典故，使得泉州派下黃姓子孫以紫雲衍派自居。

(2)白鶴聽經──開元寺供桌上站立的兩隻白鶴也能聽得懂深奧經懺，令人匪夷所思。

(3)羅漢能語——正殿兩側的十八羅漢會講話，出人意表。

(4)爐自傳煙——香爐無端自行冒煙，大嘆意外。

(5)桑樹開蓮花——桑樹竟能開出蓮花，不堪想像。

(6)石柱開牡丹——石製柱子開牡丹花，今世奇觀。

(7)東西斜倒影——東西兩塔影子顛倒，不可思議。

(8)井水如甘露——井水甘甜而不膩，沁人心脾。

●立春

國曆二月四日或五日；如巧逢國曆二月四日，則「一年雙春，五年二閏」。立春過後十五日即爲「雨水」。

●雨水

國曆二月十九或二十日屬二十四節氣中的「雨水」。俗諺云：「春寒雨若潑，冬寒雨四散。」意謂著自此以後綿綿的春雨將持續地接踵而至。

輯二／花月（二月）

●初二日

　　土地公誕辰，應備葷菜碗、地瓜粉、春卷敬拜，俗稱「二月二，煮貓粥塗貓鼻」。金城南門里中興街口的福德宮、東門里北堤路上的福德宮、鳳翔新村排水溝旁的福德宮皆設醮祝禱。金沙鎮官澳村塘頭水源宮、營山村水尾宮、田埔村土地公廟則只拜拜卻不設醮。

　　此日同時也是聖侯恩主、玉女娘娘的聖誕之期。金城鎮庵前村孚濟廟二月初一、二兩天建醮並舉行公祭。另外像金湖鎮瓊林村恩主廟、金湖鎮峯上村孚濟宮、金城鎮古崗村仰雙巖廟、金湖鎮夏興村孚濟廟、金寧鄉上后垵村聖侯廟、金湖鎮下莊村恩主廟等皆建醮慶祝。至於金城鎮賢厝村六姓府廟的境主恩主公、金王爺聖誕建醮則爲二月二十一、二兩天。金沙鎮英坑村恩主聖侯廟昔日亦曾設醮，其後因人手不足，才與八月十二日邱王爺聖誕、四月十二日蘇王爺聖誕一併於廟口犒軍，不另行設醮。金湖鎮成功村仙鶴寺玉女娘娘亦於是日聖誕建醮慶賀。

●初三日

　　金城鎮小西門文廟（已頹圮）文昌公聖誕。

●十五日

　　春祀，俗稱「做春秋」，須備豐盛菜肴敬拜列祖列宗。

●十九日

　　是觀音佛祖的誕辰。金城鎮東門靈濟古寺（俗稱觀音亭）、金門城寶月庵（俗稱南庵）、金寧鄉榜林村郊紫蓮寺（俗稱榜林宮）皆舉辦法會。金沙鎮東山南海觀音寺、官澳村塘頭金蓮寺只拜拜，不另行設醮。

●二十一日

　　普賢菩薩聖誕。

●驚蟄

　　國曆三月五日或六日爲「驚蟄」，此時春雷乍響，原本蟄伏

於地底下冬眠的生物也逐次驚醒了過來。俗諺云「驚蟄雷打直，落雨百二日」，表示當天打雷，則雨季將長達四個月之久。

●春分

國曆三月廿一或廿二日，晝夜時間等長，正是春天的中期，同時也是春耕的開始。俗諺：「春分，暝日平分」即指此而言。

輯三／桐月（三月）

●初三日

　　玄天大帝（上帝公）聖誕。金城鎮北門里北鎮廟、金寧鄉古寧頭北山真武殿、古寧頭林厝保安廟、金寧鄉頂堡村廣濟廟、金沙鎮後水頭村汶德宮（俗稱頂宮）、金沙鎮中蘭村金榮殿、金沙鎮吳坑村北極殿、烈嶼西方村北極上帝宮、烈嶼中墩村真武廟、烈嶼下田村真武廟、烈嶼南塘村真武廟、烈嶼前埔村保障宮等大部分宮廟這一天都會建醮大肆敬拜一番。少部分村落如烈嶼前埔村等因村小人少，只拜拜不設醮；有些村落則採變通

沙鎮的吳坑村北極殿，則是每年三月初三與九月十五兩日輪流設

圖十三：金沙鎮吳坑村北極殿廟會活動，圖中為遶境巡安的神明於殿前「吃三牲粿」情形。

醮。（圖十三）

　　玄天上帝本爲北極星的神格化，是古代自然崇拜的神祇，後被道士們所崇祀供奉。其塑像爲手持北斗七星劍，右腳踏蛇，左腳踩龜，從神有龜、蛇二將。廟名多稱北極殿或真武殿。若依塑像比例而言，烈嶼鄉（小金門）供奉的玄天上帝比大金門爲高。

●十五日

　　保生大帝（俗稱大道公）誕辰。這一天依例會颳大風，民間有媽祖婆與大道公鬥法的傳言，因而有「媽祖婆颳風吹大道公頭巾」之說。

圖十四：金湖鎮瓊林村保護廟建醮，乩童起乩一景。

圖十六：金城鎮森羅殿柳都察

圖十五：金城鎮森羅殿顏都察。

金湖鎮瓊林村保護廟保生大帝聖誕，但不一定建醮，因每年都以三月十五日與八月十五日（大王爺聖誕）兩天輪流設醮。此外像金城鎮官裡村仰雲殿在十月份建醮。金城鎮珠山村大道公宮，金湖鎮溪邊村順境宮、金寧鄉中堡村寶靈殿、安岐村保安殿（俗稱頂宮）、頂埔下村保安殿，金沙鎮呂厝村拱峯宮、斗門村靖海堂、東珩村棲堂廟、劉澳村奎山宮設醮時間均爲六月十八日。金沙鎮青嶼村金山道殿每年以三月十五、五月十六、九月初九日輪流設醮。金沙鎮西園村棲隱堂設醮時間爲十月十五、正月初六日。金沙鎮何厝村保安殿設醮時間爲十月二十一、二十二兩日。金寧鄉古寧頭村保靈殿俗稱大道公宮，每年拜三次，依序爲二月十五、三月十五、八月十五日。（圖十四）

●十六日

　　千手千眼準提菩薩聖誕。此日同時也是金城南門里森羅殿內顏、柳二位將軍爺的聖誕之期，該殿照例會建醮以資慶賀。（圖十五、十六）

●十七日

　　重建於民國八十二年的金寧鄉西堡村威鎮天門廟，主奉岳府元帥（岳飛），三月十七日聖誕；如來佛祖，四月初八日聖誕；溫王爺，十月十五日聖誕。每年這三天該廟都會設醮。

● 十八日

金寧鄉榜林村郊（伯玉路旁）嘉水爺宮的嘉水爺伯於是日聖
誕，十八、十九兩日建醮。

● 十九日

金沙鎮山后村獅山寺六姓府聖誕建醮。寺中主奉蘇王爺、邱
王爺、六姓府、觀音佛祖等神祇。

重建於民國八十二年的金沙鎮東店村永巖殿，殿中供奉的太
陽星君於是日聖誕。

● 二十日

娘媽（註生娘娘）的誕辰。重修於民國七十五年，位於金城
鎮南門里水試所旁的香蓮廟，爲金門地區唯一專奉註生娘娘的廟
宇。每年的此刻都會建醮拜拜。

● 廿三日

媽祖誕辰，此日因「大道公下雨淋濕媽祖婆的花粉」之說，
而有下雨的可能性。金門地區四面環海，因而供奉媽祖的寺廟特
別多：金城鎮南門天后宮之一（前殿供奉大媽祖、三媽祖，俗稱大媽
祖宮；後殿爲林氏宗祠）、金城鎮南門天后宮之二（供奉二媽祖，俗
稱小媽祖宮）、金門城媽祖宮（原廟已頹圮）、金寧鄉湖下村天后
宮（原廟毀於民國初年）、金湖鎮料羅村順濟宮、金湖鎮峯上村天
后宮、金沙鎮田墩村天后宮、金沙鎮官澳村龍鳳宮（原稱天后宮
，其後因前殿供奉廣澤尊王等神祇，後殿仍供奉媽祖，始更名爲龍鳳宮）
、烈嶼四維村西湖古廟、烈嶼上庫村天后宮、烈嶼后頭麟護宮等
十一處廟宇。今存者尚有九處之多。

此些媽祖廟除開烈嶼后頭麟護宮建醮的時間爲八月二十三日
外，其餘媽祖聖誕之期皆爲三月二十三日。麟護宮於清乾隆年間
的八月二十三日，自四維村的西湖古廟分爐而來，當地善信乃以
是日爲媽祖聖誕之期，並設醮慶祝。而且每年正月十五日這一天
都會回返母廟朝拜，龐大的遊行隊伍常把濱海的西湖古廟擠得水

泄不通，熱鬧非凡。

　　媽祖聖誕日廟會處處。然在這些林林總總的廟會之中，最具特色的有下列三處：

　　①金城城區——金城城區四境善男信女，爲慶祝天上聖母暨蘇府四千歲（秦王爺。三月二十日為其聖誕之期），每年三月二十三日這一天都會舉行隆重遊行四境廟會活動，祈求合境平安、風調雨順。龐大的遊行隊伍、虔誠的隨香人潮、兩側隨處可見的香案，蜿蜒數里，好不熱鬧。（圖十七、十八）

　　遊行陣容自昭德宮（原名觀德堂）出發後，以鑼鼓陣、旌旗爲前導，然後依序爲順風耳、千里眼、香擔、十音、天上聖母神轎、蘇府四千歲神轎、西樂隊，以及東門境主池王爺、西門境主

圖十七：台灣省嘉義縣新港奉天宮開台媽祖和平遶境，抵達金門祈安的龐大遊行陣容。

圖十八：蒞金後暫奉於金城鎮南門大媽祖宮，供信眾瞻仰膜拜的開台媽祖神像。

韓王爺、南門境主藍賓王、北門境主玄天上帝、水仙禹帝、水門廬王爺等神轎都參與遊行行列。沿途經過土地公宮、北鎮廟、中興街、武廟、外武廟（俗稱馬舍宮）、禹帝廟、水門睢陽廟、靈濟古寺（俗稱觀音亭）、代天府、模範街，然後回到原點，圓滿完成一趟巡安四境的任務。

　　②料羅村順濟宮——始建於宋徽宗宣和年間的順濟宮，依例每年三月二十三日這一天都會設醮慶賀媽祖的神誕。據民間傳說，每年的媽祖生日，沿海的水族都會趕來向天上聖母祝壽，整個料羅灣海面頓時魚蝦成羣。這種奇異的景觀據說也曾經出現於金門城已頹圮的媽祖宮廟會上，為海上救苦救難的天妃聖誕增添了熱鬧的氣氛。

　　③峯上村天后宮——始建於明嘉靖四十年，距今已三百多年歷史，每年的三月二十三日這一天都會設醮慶祝媽祖的聖誕。儘管該村目前只剩二十一戶人家，但終年以捕魚維生的峯上村鄉親，仍會設法排除一切難題，將廟會辦得有聲有色。神輿繞境之

際，更是家家香案，人人禱祝，較之其他大型村落，毫不遜色。

「天上聖母，世稱天妃、天后、媽祖婆。神本福建湄州人氏，幼而神異宏慈大孝世稱。宋雍熙四年，時年二十（按：金門縣林氏天后宮興建誌則曰年二十八升化），白日飛升，自是沿海舟楫恆得神佑而化險解厄，歷朝感其護航救難有功，累加敕封，由宋之崇福夫人、元之護國、明著天妃，下詔浙閩建廟崇祀，明永樂加護國庇民妙靈昭應弘仁普濟天妃，立廟京師。及清康熙崇封爲天上聖母，乾隆晉封福佑羣生天后、嘉慶復加封護國庇民妙靈昭應弘仁、普濟福佑羣生、誠感咸孚、顯神贊助、垂慈篤佑天后，編入祀典，春冬二祭，行三跪九叩禮，此固文獻可徵，所以崇功德隆恩典也。」以上錄自料羅村順濟廟碑文。

●二十六日

是日爲金寧鄉榜林村承濟殿（俗稱頂宮）境主侯府王公（大王公）聖誕之期。從殿前的楹聯：「承濟蒼生憑聖德；運平侯位振南關」可知侯府王公即爲南關運平侯，居民皆以王公暱稱。每年三月廿六、廿七兩日皆建醮酬謝神恩。

●廿八日

五嶽大帝誕辰。五嶽廟，位於金城鎮民族路旁。廟中主奉五嶽大帝。五嶽大帝爲東嶽泰山黃飛虎齊天仁聖大帝太靈蒼光司命真君，三月二十八日千秋；西嶽華山蔣雄金天順聖大帝慶華紫光註生真君，十二月十六日千秋；中嶽嵩山聞聘中天崇聖大帝黃元大光舍真人君，三月十八日千秋；南嶽衡山崇黑虎同天昭聖大帝素元耀魄大明真君，八月初十日千秋；北嶽恆山崔山安天玄聖大帝兀微洞淵無極真君，十一月初六日千秋。每年三月二十七、二十八兩日建醮。

●清明節

在春分後十五日（即國曆四月五日或六日）。俗諺說「清明無回就無祖」，所以遠赴外地者皆趕回，於是日準備發粿、菜碗、

圖十九：逢年過節，金門人都喜歡吃的「漆餅」（薄餅包菜餡）製作情景。

圖二一：田埂之中的古墓，有些連墓碑都沒有，後人只能憑記憶找尋，對掃墓者來說的確是一大考驗。

圖二十：清明時節，公墓當中到處可見掃墓人潮。

果品、春餅，一則在家祭拜祖先和神佛，二則祭拜「外間」（豬雞舍、防空洞、舊宅老屋等）和掃墓，除祭祖須在午時與同族宗親合拜外，其他的祭拜時間可悉自決定。「外間」部分甚至可於節前數日先予祭拜。至於掃墓則以清明節前後十天做期限，如不在此期限內則不宜掃墓。金沙鎮吳坑村固定在每年農曆三月初三日掃墓算是特例，傳聞由鄭成功始創，因鄭氏厭惡清明節一詞中，「明」字居於「清」字之下，所以下令改三月初三日做清明節，據說祖先來自同安的人，多有此俗。（圖十九～二一）

●穀雨

清明節過後數日，國曆四月二十或二十一日稱為「穀雨」，這期間霜氣仍重，天氣也還酷寒，所以俗諺有「清明、穀雨，冷死虎母」之說。話雖如此，然這期間雨水相當豐沛，生性勤勞的農夫開始忙於耕作，因有「穀雨」之稱。

輯四／梅月（四月）

●初一日

金沙鎮沙美忠孝新村旁的萬士爺宮萬士爺祖、金沙鎮田埔村大士爺宮大士爺誕辰，是日信徒們都會前往膜拜但不設醮。

●初四日

文殊菩薩聖誕。

始建於民國八十二年歲次癸酉的金沙鎮東埔村海印宮，宮內供奉之太子爺（金車、銀車、哪車）聖誕設醮。

金沙鎮呂厝村鶯山廟前的石將軍（將軍爺）聖誕。此尊將軍爺據說就是漢朝飛將軍李廣，身著戎裝、手持神弓、腰佩寶劍，看來威風凜凜。目前金門已發現的石將軍尚有三尊，即位於金湖鎮漁村海灘，產權屬湖前村陳姓居民的石將軍；夏興村海灘網寮前位於營區之內的石將軍；以及金沙鎮高坑村入口處的石將軍，造型皆各具特色。（圖二二）

●初八日

釋迦牟尼佛聖誕。

●十二日

爲城隍爺聖誕之期。這一天的廟會遊行，援例由城區四境依東、西、南、北門里順序輪流擔綱演出。當值的爐主必須負責整個遊行事宜的籌畫，舉凡人員的調配，陣頭的排列等，都要經過周密的演練，絲毫馬虎不得。遊行時輪值的里境殿居最後，未來接手的里境當前導，其他兩里依東西南北次序緊隨其後，萬人空巷的大遊行蔚成金門最有看頭的廟會景觀。各里之間交接的時間則爲每年的五月初一日，於城隍廟內由當值的爐主將城隍爺佩戴的冠帶、象徵天官賜福的銀製天官鎖以及印信交由新爐主接掌，完成交接儀式，並將一年來的帳目作一交代。

就宗教的立場言之，城隍乃是產生嚇阻作用最強有力的一環：青面獠牙的小鬼，鐵面鋼叉等刑具，再輔以上刀山、下油鍋的傳說，使得一般善男、信女在言行上產生了一定程度的催化作用

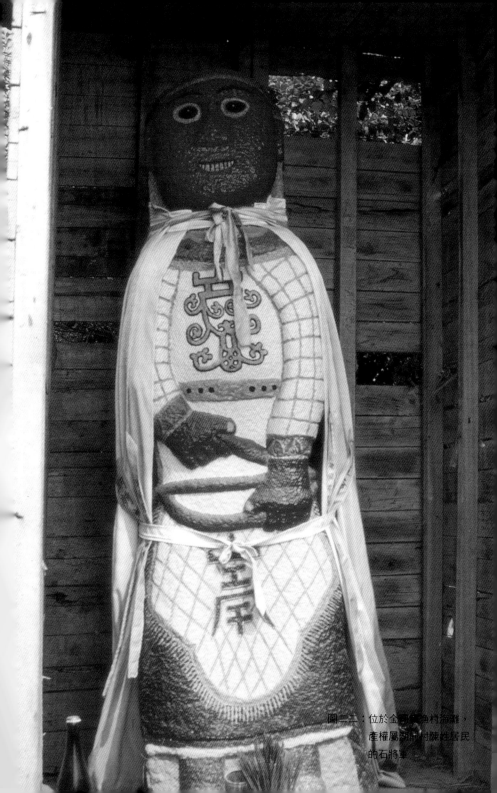

圖二二：位於金湖鎮魚村海灘，
產權屬湖前村陳姓居民
的石將軍

。城隍之說由來已久，後唐清泰年間始封爵。宋代以來，城隍遍及天下。明初並加封贈：府城隍稱公、州城隍稱侯、縣城隍稱伯。金門昔爲同安分縣（直到民國四年才正式設縣），是故金門城隍亦稱「顯佑伯」。依金門縣志記載，金門城隍凡三處：金沙鎮田埔泰山廟、金城鎮金門城村古地城隍、金城鎮城隍廟。其中以田埔泰山廟最早，金門城古地城隍次之，金城鎮城隍廟則是清康熙十九年由時任總兵的陳龍自金門城移治金城，移治時間爲農曆四月十二日，此後，金城鎮城隍爺即以是日爲聖誕，遊行四境，爲金門最盛大的廟會慶典。

另據傅永成先生指出，城隍廟可能是一般人念得太快，才會訛稱爲「上廟」。以前的城隍爺生日是每三年一大巡（大遊行）；每年一小巡。大巡的路線又可區分爲「前面」與「後面」兩條迥然不同路線，各繞行鄰近的十三個村落：

「前面」路線：途經夏墅、后豐港、前水頭、金門城、古區、官路邊、官裡、東洲、庵前、上后垵、下后垵、古崗、珠山等十三個村落。

「後面」路線：途經頂堡、下堡、湖南、安岐、西浦頭、頂埔下、下埔下、埔後、埔邊、后盤山、東堡、西堡、榜林等十三個村落。

整個遊行事宜，事前經由四十人的董事會決定後，當天拂曉時分，即由俗稱「報馬仔」的專差，趕往預定的路線報訊。整個活動要持續三天。第一趟的報訊叫做「頭報」；第二趟稱「二報」（兩者相差一小時）。「報馬仔」頭戴斗笠，上插英雄標、穿背心、著長褲、打黑白相間綁腿、足蹬草鞋，一進入村莊就擊打小鑼，而且要在天未亮前趕抵目的地；第三趟則背豬腳，反穿羊襖，赤腳或只穿一隻草鞋，隨進香隊伍而行。俗話說：「三報無草鞋禮」即指此而言。當「報馬仔」完成使命後，眾人就在城隍廟左側原有高地上面，施放三響禮炮。這種禮炮形似葫蘆，用引信

引燃撞針擊發。前兩天都要各放三響禮炮。第一響通知所有信眾，蓄勢待發；第二響隊伍集合；第三響出發。整個遊行隊伍在井然有序情況下，依序往鄰近的十三村推進，隨香的信眾人山人海。前兩晚即駐蹕行轅，不入城，第三天才遊行城區四境。這種盛況一直持續到民國三十七年，才改為固定一年一巡。

至於每年的小巡（小遊行）則只遊行城區四門里而已，遊行的路線往往隨著輪值的里境之不同而略有差異。就以民國八十三年歲次甲戌為例，遊行隊伍是由城隍廟出發，中途歷經網寮、禹帝廟、天后宮、珠浦南路、民族路、五嶽廟（俗稱嶽帝廟）、睢陽廟（俗稱水門宮）、光前路、中興路、莒光路、欽旌節孝坊、代天府廟、珠浦東路、自強街、昭德宮、北門福德宮、北鎮廟、

圖二四：城隍廟前但見萬頭鑽動的人潮。

民生路、縣政府、中正國小、武廟、外武廟、光前路、回到原點
——西門里城隍廟前廣場解散。

　　城隍爺每年的巡安遊行，一般都以遷治紀念旗為前導，然後
依序為大鑼（俗稱了亞）、托燈、范將軍與謝將軍、顏將軍與柳
將軍、旗牌執事、大旗（大纛）、恩主公、關帝爺、蘇府四王爺
、董排爺（俗稱竹杯爺）、文判與武判、香擔、馬軍爺、道士、
鄉老、十音、南管、五鳳旗（俗稱五方旗）、城隍爺神轎、涼傘

圖二三：慶祝浯島城隍遷治三一六週年紀念的「迎城隍」大遊行盛況。

圖二六：邑主城隍遷治紀念旗。

圖二五：「敕封顯佑伯」的城隍爺旗牌執事。

、粉閣、化裝車、隨香信眾、陣旗、四門里陣頭、舞龍、獅隊等，蜿蜒達數里之長。

在所有的遊行隊伍之中最引人注目的就是「打花草」的戲碼，據傅永成先生指出，此一戲目主要是以「鄭元和學丐」的故事為藍本，飾演鄭元和的演員頭戴草環，靈活矯健的身手、奇特的造型，在在都令人印象深刻。另外就是傳統的蜈蚣座和藝閣，前者全盛時期據說光是座上的化裝孩童就高達七十多人之譜；後者則因藝閣上面的藝旦，不但人長得秀麗，而且多才多藝，既會唱南管，又會彈琵琶，基於窈窕淑女，君子好逑的心理，大家爭相扛抬，有時難免向隅而生怨言，所以俗話說：「有出錢，為何不能扛（抬）閣」，該是城隍爺生日熱鬧的最佳寫照。（圖二三～三六）

是日同時也是蘇府王爺的聖誕。本地供奉蘇王爺的廟宇計有：金湖鎮新頭村伍德宮、金城鎮昭德宮（原名觀德堂。聖誕之期為

圖二八：范、謝二將軍。

圖二七：參與大遊行的南管樂團。

三月二十日）、金寧鄉古寧頭南山伍德宮（建醮時間一般提前為初十日）、金湖鎮西埔村妙香寺、金沙鎮后珩村景山宮、金沙鎮下蘭村金德宮（後三者建醮時間並不固定）。而其中新頭村的伍德宮則是蘇王爺的母殿。

　　據陳清南老師言：伍德宮又名浯德宮，宮中奉祀蘇、邱、梁、秦、蔡五位王爺。唐牧馬侯陳淵抵金牧馬時，蘇永盛將軍即為開浯恩主牧馬侯陳淵的參謀，並與麾下邱、梁、秦、蔡等四位將軍義結金蘭，共輔陳淵開發浯島，協謀併力，化荒墟為樂土。明朝時，五位將軍的神明屢次顯靈，終使騷擾浙閩沿海一帶的倭夷

圖二九：巡安的香擔、城隍爺四轎、馬軍爺。

圖三二：四月十二日城隍爺生日大遊行隊伍當中的大鑼、托燈、大鼓吹。

圖三十：遊行陣頭當中的粉閣。

圖三一：大纛（俗稱大旗）。

圖三五：俗稱「畚斗
　　　轎」的神轎。

圖三四：迎城隍大遊行當中的道士、長老。

圖三三：大遊行隊伍當中的神醮。

圖三六：董排爺（俗
稱竹杯爺）。

落荒而逃，五位將軍的神明也因功而獲賜爲閩南五王。今天一般善信即據此而暱稱彼等爲大王、二王、三王、四王、五王是也。聖誕之期依序爲四月十二日、八月初二日、十月初十日、三月十四日、七月十六日。建醮之期則併於四月十二日當天舉行。（圖三七）

　　伍德宮自建宮四百一十三年來，歷九次翻修。咸豐元年增建西廡。民國六十四年乙卯，原貌重修迄今，五位神明聲靈林濯，分爐處處：內地漳、泉二府及新垵大王、二王。台灣鹿港景靈宮三王。鹿港金門館大王。興化二王。惠安五王。澎湖四王。此外尚遠及新加坡浯江館、馬來西亞吉隆坡浯州館等。

●十五日
　　烈嶼鄉青岐村仙祖宮李府仙祖聖誕。

圖三七：金湖鎮新頭村伍德宮蘇王爺聖誕，假該村陳姓宗祠內建醮慶祝。

●十八日

　　烈嶼鄉西方村釋迦佛祖、玄天上帝宮觀音佛祖聖誕。該宮的
另一尊境主玄天上帝誕辰則爲三月初三日。此宮爲西方、西吳、
下田、東坑、雙口、湖井頭等六個村落所共有。（圖三八～四十）

●二十二日

　　烈嶼鄉東林街靈忠廟，始建於清嘉慶壬申年，民國六十五年
丙辰孟冬重建。廟中主奉洪府元帥。四月二十二是其神誕之期，
是日總會援例建醮拜拜。（圖四一、四二）

●立夏

　　國曆五月六日或七日爲「立夏」，表示春去夏來，炎炎夏天
自此開始，萬物呈現一片欣欣向榮景象。俗語云「炒米麥，炒蚊
蟲，炒到別鄉咬老人」，意即進入四月份，氣溫逐漸回升，村民

圖三九：烈嶼鄉西方村北極上帝宮左側的風雞。

圖四○：烈嶼鄉東坑村福德正
神宮旁側的風雞。

圖三八：由林天助先生親自雕塑，位於烈嶼鄉西方村北極上帝宮左側路邊的北風王。

圖四二：烈嶼鄉一般廟會中使用，大金門廟　　圖四一：烈嶼鄉「做十六歲」慶成年娘娘
　　　　會中看不到的金、銀亭（林金樹製　　　　　　醮專用的娘娘亭。
　　　　作）。

圖四三：「牽罟活動」乘風破浪的小舟出海下網的驚險畫面(區漁會林國友攝影)。

希望藉著炒米麥（或稱炒蚊蟲），來除掉擾人的蚊蟲。

●小滿

國曆五月二十一或二十二日屬節氣中的「小滿」。俗諺云「小滿收一盞」表示此時不論是種高粱或地瓜，收成都不好，意謂著春耕已然截止。

●觀光漁業牽罟（俗稱牽網）活動

據縣志載：「金門四面環海，淺灘深澳，魚蝦藻貝滋生，適於漁業發展。濱海村莊居民，耕稼而外，悉兼業漁。舊時漁撈僅賴網罟在沿岸捕取，獲量無幾，惟蠣藻之產較豐，多運銷廈漳一帶。」。此為本地「牽罟」捕漁有文獻記載之始，然最早始於何時卻無人可解。儘管它漁獲量可能不多，但它卻是老祖宗遺留下來的傳統捕漁方式，讓人有重溫舊夢的快感。再加上晚近大陸漁民常越界恣意炸魚，此一竭澤而魚的不當途徑，使得原本枯竭的水域更是雪上加霜，討海維生的漁民只好無語問蒼天了！為了突破此一困境，也為了改善漁民的生計，區漁會乃苦思良策，冀望能藉此傳統的捕撈方式，發展金門地區的休閒漁業，同時也為剛起步的觀光事業增加新賣點，一舉可數得，堪稱用心良苦！

據區漁會推廣課長黃金峯先生指出，「牽罟」活動盛行於春、夏之際。它最少須要十六人參與才能竟其全功（包含船上四人，岸上十二人），多則不限，誠如俗話所說：「韓信將兵，多多益善」。這項活動須要兩組人員同時運作，其中一組站立沙灘手持網繩，另一組則搭乘小舟出海，沿途下網，待繞行一圈後，將網繩另一端拉回岸邊，然後由兩邊的人羣以提綱挈領方式同心協力收網，箇中的樂趣，又豈是局外人所能比擬？就因為它是老少咸宜的活動，又能讓人發思古之幽情，因而區漁會於今（八十五）年六月二十二日，假金湖鎮成功村漁港海灘所舉辦的「觀光漁業牽罟活動」，大家扶老攜幼熱烈參與，盛況空前，值得大力推廣。（圖四三）

輯五／蒲月（五月）

●初五日

　　「芒種」前後的民俗節慶與活動當中，首推五月五日的端午節最著名。俗諺有云：「無吃五月節粽，破裘不甘放」，意即此時氣溫已回升，炎炎夏日即將來臨。國人自古即以五月為「百毒之月」，面對這個毒月當然必須設法來袪邪禳災，舉辦一連串祈福求壽的活動，後來再加上屈原懷忠投江的歷史故事之後，就更增添了它不同的意義和色彩。

　　端午節，為一年當中三大節慶之一，與春節、中秋齊名。古代又有「端陽」、「端五」、「重五」、「重午」、「午日」等等各種不同稱呼。本地民間則大抵統稱為「五月節」。民國二十八年還訂定這一天為詩人節。

　　「五月節」在金門是頗熱鬧的節慶。五月又名蒲月。但金門本地並不產菖蒲，因而這一天大清早，每戶人家均要在各門、窗上插榕樹和艾草，以求避邪。艾草與榕樹枝都具有袪邪避毒功能

圖四四：端午節避邪用的榕樹枝、艾草。

圖四五：端午節早上於家戶門楣、窗上插榕樹、艾草禳災祈福。

　　。艾草的根部曬乾之後更是民間常用藥材，據說只要和上老母雞燉湯喝，就有去風寒療效。插榕樹枝則會「青龍龍」，使家中每位成員都是精神抖擻，活像生龍活虎般。（圖四四、四五）

　　五月節當天所有的活動，以中午時段最多：(1)備粽子和菜碗敬拜觀音佛祖、福德正神。農夫則以「三百金」（意即少量金帛紙）於田埂之間敬拜福德正神，冀望來年大豐收。(2)買雄黃粉泡米酒製成雄黃酒，先予小孩沾飲，再在小孩額頭、手心、腳底各擦少許，而後將雄黃酒分灑各門檻，俾免毒物的入侵。飲雄黃酒典故出自《白蛇傳》一書，書中詳述許仙與白蛇娘娘結成連理的民間故事。雄黃本身是一種礦物，具有解毒功效，尤其能預防毒蛇、蜈蚣的侵襲，此所以要在小孩額頭、手心、腳底塗上雄黃，並加飲用的緣故。(3)各家戶都不約而同地前往附近水井打回「午時水」，供全家大小洗滌，據聞洗過午時水，整年即可避免遭受蚊蚋咬傷。又傳說午時水可歷久不臭，引為奇談。比較講究者，還要

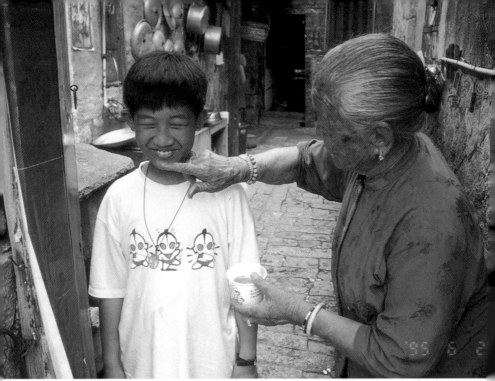

圖四六：端午節午時泡雄黃酒爲孩童塗抹額頭、手腳，俾免毒物入侵。

到山上挖取「午時草」回家熬湯，據信此湯有清涼退火功能。小孩子則在家中忙於玩「豎蛋」遊戲，據載一年當中就以這一天的午時效果最佳。(4)早期金門還舉行划龍舟、演九甲（高甲）戲等活動，儘管這些項目現已少見。但據父老傳言，民國二十六年抗日戰爭爆發以前，位於金門東北角的金沙鎮官澳村，就曾一度相當盛行「划龍舟」比賽，並演戲班。全村劃分爲東、西兩隊，在村前海上較勁。當時爲了能榮獲錦標，雙方都卯足了勁，賽前除了加緊練習外，並在龍舟底部擦蘆薈油，俾能增加其潤滑效果。甚至爲了贏取比賽，雙方還以順口溜比高下。東隊的順口溜爲「西硬牙，東會扒（划），西查某（女生）是東的」；西隊也不甘示弱，立即還以「東硬牙，西會扒（划），東查某（女生）是西的」，意即贏取對方美女的芳心。雙方你來我往，饒富趣味。（圖四六～五二）

圖四七：端午節午時忙於打「午時水」，防蚊蚋叮咬。

　　端午節同時也是金城鎮南門天后宮洪府藍賓王聖誕。藍賓王（即厥官爺爺）爲南門境境主。這一天的天后宮廣場特別的熱鬧，尤其是「擲炮臺」的活動更是把整個慶典帶入最高潮，高約五、六公尺的錐形四角鐵塔，上端環繞兩串綁得十分牢靠的炮竹（上環較小，下環較大），然後由信徒站立四周以點燃的小串排形炮竹往上用力投擲，擲中上端環炮並加以引燃的選手就能榮獲腳踏車、電器用品等獎品。此一活動源起於何時雖不可考，然時值推展民俗活動的今天，卻頗有再獲青睞趨勢。是日更是金寧鄉古寧頭村北山鎮西宮章千歲聖誕之期，依例總會建醮慶賀一番。

● 初六日

　　始建於清嘉慶己未年的金湖鎮山外村英武山岩廟，廟中主奉精通醫理、活人無數的林府王爺，五月初六日神誕這一天都會建醮拜拜。再者，林府王爺與留府三王爺、邱府王爺情同兄弟。昔

圖四九：端午節午時挖取「午時草」　圖四八：端午節午時，孩童忙於玩豎蛋遊戲。
　　　　熬湯喝，有清涼退火功能。

圖五二：端午節綁粽子弔屈原。

日每年的十二月初二日留府三王爺生日這一天也建醮，惟晚近已不復有此慶典。

●初十日

金湖鎮湖前村碧湖殿金王爺於是日聖誕，建醮日期則不定。

烈嶼鄉湖井頭村李府將軍廟真異大師（祖師公）聖誕。該廟另一尊境主李府將軍的誕辰則爲九月十七日。

●十三日

關帝爺誕辰，俗稱「關刀水」，傳說這一天若下雨，即表示這整年蚊蟲將特別多。金門地區供奉精忠貫日月、大義薄雲天的關帝爺之廟特別多。以造型而論，有夜觀春秋、書生打扮的關帝爺；有手持青龍偃月刀、騎赤兔馬、過五關斬六將、勇冠三軍的關將軍，兩側則陪祀周倉與關平。以神誕之期而言，則又有正月十三日與五月十三日之分。慶賀五月十三日的廟宇計有下列數間：

金城鎮金門城村南門里忠義廟關帝爺。金城鎮夏墅村聖帝廟關帝爺。金寧鄉古寧頭南山山西夫子廟關帝爺。金寧鄉東堡忠義廟關帝爺。金沙鎮陽宅村聚源廟關帝，建醮日期配合會山寺普庵佛祖，於九月二十、二十一兩日舉行。金沙鎮西園村聖義宮關帝爺，建醮時間爲六月二十三、二十四兩日。金湖鎮塔后村忠義廟山西夫子（關帝爺）聖誕。金湖鎮尚義村精忠萬古廟山西夫子聖誕，一年之中有三次，依序爲正月十三日、五月十三日、六月二十四日。上開這些廟宇大都於是日設醮。

烈嶼鄉青岐村關聖太子廟關聖太子（關帝爺）聖誕建醮。青岐村共分四個角落，廟宇高達七間，爲烈嶼地區之冠。四個角落依序爲：長房、後水溝、西尾、浦角。「長房」五月十五日設醮拜關帝爺；「後水溝」五月十八日建醮，敬拜大師公（張天師）；「西尾」六月初八日建醮拜朱王爺；「浦角」五月十四日建醮，敬拜關帝爺。烈嶼鄉西路村關帝廟（俗稱下關帝廟）關帝爺聖

圖五十：逢年過節婦道人家均須忙於用「粿印」做粿。

圖五一：逢年過節家家戶戶都會做一大堆的紅粿，拜拜、自用兩相宜。

誕，建醮日期則爲六月十八日池王爺聖誕這一天。烈嶼鄉西宅村關帝廟（俗稱頂關帝廟）關帝爺聖誕，建醮日期也是六月十八日池王爺聖誕這一天。此外像烈嶼鄉黃厝村關帝廟關帝爺聖誕、烈嶼鄉湖下村忠義廟關帝爺聖誕，都在五月十三日當天建醮。

●十四日

位於烈嶼鄉青岐村岐山之麓，背山面海，香火鼎盛的烈女廟，俗稱王仙姑廟。民國四十五年十月，由當時烈嶼守備區八十一師田師長所建。民國六十八年改建成今日之規制。廟中主奉王仙姑，諱玉蘭。每年五月十四聖誕之日總會建醮慶賀，有禱輒應，平日即香客如織。碰上廟會期間，那更是人山人海，每日前往祈求庇祐賜福的信徒絡繹不絕於途，也是觀光膜拜的善信必到之處。

●十五日

烈嶼鄉青岐村長房關聖廟關帝爺聖誕建醮。

金寧鄉安岐村龍塘古廟（俗稱下宮），廟中主奉王公、王娘及朱姓等王爺，每年五月十五日設醮。

●十六日

金湖鎮成功村象德宮，主奉溫府王爺，另配祀溫王爺四大將。溫王爺神誕之日依例建醮祝禱。此外，每年八月初七、初八兩天還會在此宮中「進金紙」（即拜神祈福、消災解厄之意），初七當天敬拜玉皇大帝（俗稱天公）；初八則拜水府（即扶桑大帝），敬拜時尚須糊製一座呈四方形的「水府宮」及一艘迷你型小王船擺在供桌底下，儀式頗具特色。（圖五三）

●十七日

金城鎮金門城村古地城隍廟城隍公聖誕建醮。明洪武二十年（西元一三八七年）置守禦千戶所，江夏侯周德興築城於此，取其「固若金湯，雄鎮海門」之意，因名之曰「金門城」，成爲有明一代的政經中心。而名聞遐邇的「古地城隍廟」咸信就是建於此一時期。如若此一推斷無誤的話，則古地城隍廟迄今應有六〇九

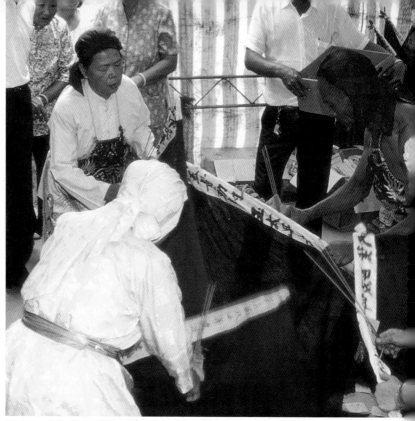

圖五三：金湖鎮成功村象德宮「進金紙」廟會即景。

年歷史了。今（民國八十五年歲次丙子）年又適逢全國文藝季「高粱、酒鄉、金門城」活動於城隍爺生日前夕在此隆重登場，把原本即相當熱鬧的廟會推到最高點，整個廟前廣場頓時被來自各地的嘉賓擠得水泄不通，但見遊藝隊伍、陣頭、神轎、彩旗、人潮，萬頭鑽動。

城隍爺巡安遶境活動於十七日下午二點半左右開始從西門出發，沿著北門、東門、南門採順時針方向巡安四境。首先由城隍爺千秋布牌為前導，然後是雙大鑼、圓燈、顏、柳都察（探路）、鑼鼓旗陣、西樂隊、各國小民俗陣頭、西門境神輿旗陣、北門境旗鼓輿、東門境旗鼓輿、南門境旗鼓輿、大鼓吹陣、看馬（將軍爺馬）、道士、長老、十音陣、城隍爺四轎、涼傘、善男信女隨香人羣、花車。巡安隊伍所到之處，家家香案、戶戶膜拜，鞭

圖五五：城隍爺專用的涼傘。

圖五四：書有「古地城隍千秋」陣旗。

圖五六：燈面書有「邑主城隍」字樣的王爺燈（俗稱桶燈）。

圖五八：古地城隍爺四轎。

圖五七：五方旗與玄天上帝神轎。

圖五九：負責范、謝將軍演出事宜的將軍爺會
成員一律穿著此一款式的「獅仔鞋」。

圖六十：金城城隍廟為慶祝新廟落成及
遷治三一六周年擴大慶祝活動
，事前先回母廟進香的龐大進
香團。

圖六一：作親勇打扮（清朝士兵）的城隍爺
　　　　四轎轎夫，須具備有「內公」資格
　　　　者，才能勝任。

圖六三：
長老點香、置金帛
於馬背上，象徵此
馬軍爺即為城隍爺
的座騎。

圖六四：古地城隍爺生日醮壇中使用的天
　　　　公亭。

圖六二：廟會開始前，由專人負責撒鹽米淨場。

炮聲更是響徹雲霄，此起彼落，供桌上則擺滿了粿粽、牲醴等供品，好不熱鬧。（圖五四～七六）。

●十八日

　　烈嶼鄉青岐村和庵頂村天師宮的天師公（張天師）聖誕，前者當天設醮；後者則提前於二月初一日建醮。

　　烈嶼鄉林邊村李府王爺廟李府將軍聖誕建醮。再者，此廟每年都會舉辦一次送王船儀式，相當熱鬧。

圖六八：古地城隍廟廟會中使用的榜文。

圖六九：廟會用祈求平安賜福的「平安牒」。

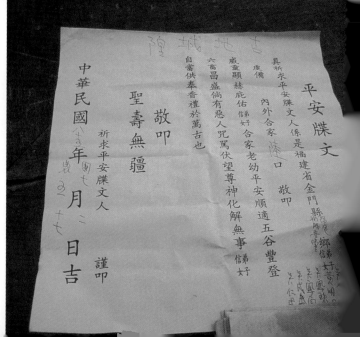

平安牒文

具祈求平安牒文人係是福建省金門縣烈嶼鄉嘉好黃明火

慶備　內外合家陳口　敬叩

廣靈顯赫庇佑信弟合家老幼順適五谷豐登

六高昌盛倘有惡人咒罵伏望尊神化解無事信好

自當供奉香禮於萬古也

敬叩

聖壽無疆

祈求平安牒文人　謹叩

中華民國　年　七月二十七日吉

圖六五：天公亭兩側，右爲南斗星君，左爲北斗星君，中爲送子的麟兒。

圖六六：俗稱了亞的大鑼，取其鳴鑼開道之意。

圖六七：廟會中使用的「五宿」，中爲中塔，
左右兩側爲聲獅，最外面爲龍慶。

圖七十：象徵最隆重禮數的「大鼓吹」。

圖七一：馬軍的造型。

圖七六：金門城東城門重建破土典禮現場一景。

圖七二：陳縣長、文建會主任祕書與鄉老前往古地城隍廟祭拜情景。

圖七三：五牲與荣碗等供品。

圖七五：金城森羅殿顏、柳都察前往古地城隍廟致意情形。

●二十八日

　　烈嶼鄉埔頭村吳府王爺廟吳府王爺聖誕，是日建醮慶祝。此外該廟亦主奉朱府王爺，故而每年六月初六日朱王爺聖誕這一天亦須建醮。

●芒種

　　國曆六月六日或七日為節氣中的「芒種」。此時有芒作物如大、小麥皆已收成完畢（二、三月收大麥，三、四月收小麥）。

圖七四：金城城隍廟文、武判官前往古地城隍廟致意情形。

●夏至

國曆六月廿一或廿二日，當天北半球晝最長，夜最短，南半球恰相反。俗諺云「夏至，蚵仔出世」，即言蚵民利用夏至前後，將蚵田中石塊上殘留蚵殼削乾淨，俾迎接新蚵的誕生。俗諺又云「五月芒種雨，六月火燒埔」，比喻五、六月沒雨酷熱。再云「夏至過，斷北風波」，表示夏至一過，金門即不可能再颳北風，如再颳北風，意謂著颱風即將來臨。

輯六／荔月（六月）

● 初一日

烈嶼鄉西吳村田帥廟，主奉田府元帥，六月一日神誕當天建醮。

● 初二日

金城鎮西門外武廟韓王爺聖誕。外武廟俗稱「馬舍宮」，位於西門里里公所前方榕樹下，廟中主奉韓王爺，在六月初二日神誕當天設醮。另奉關帝爺，五月十三日爲牠的神誕之日。以及開基佛馬舍爺，神誕之期爲一月初二日。

● 初三日

俗稱「六月初三雨，七十二雲頭」，表示當天只要起雲頭就會下雨。

韋馱菩薩聖誕。

● 初六日

俗云「六月初六，蟳蛤赤嘴目」，描述紅蟳必於是日挖出大量蟳洞内的細沙，蛤則張嘴吐水，漁民只要按圖索驥，就能手到擒來，滿載而歸。

金寧鄉埔邊村代天廟金王爺聖誕，詳細日期不可考，但於六月初六日這一天設醮。

烈嶼鄉楊厝村民宅供奉之九天玄女誕辰設醮。

● 初八日

烈嶼鄉青岐村代天朱府廟、烈嶼雙口村拱福宮二者皆主奉朱王爺。六月初八日爲神誕之期。其中雙口村一般都提前兩天設醮慶祝。

● 十二日

俗云「六月十二日，無風颱也有雨意」，意謂這一天下雨機率很大。

金沙鎮后宅村普濟寺境主池府四公子聖誕。設醮日期則配合寺中十月初五聖誕的吳府王爺，一併於當日舉行。該村尚有風獅

爺兩尊，其中較高的一尊位於二十五號民宅右側菜園中，每年二月初二日是其神誕之日，虔誠的信徒還會爲其製作精美的彩衣。

●十五日

　　吃半年圓，多一歲。這一天要以三碗湯圓敬拜觀音佛祖和福德正神。（圖七七）

●十六日

　　金城鎮后豐港來鳳宮境主田元帥（俗稱相江爺）於是日聖誕。正月十五、十六兩日建醮。宮中另一尊境主張元帥，神誕之期爲一月二十六日。

●十八日

　　爲池王爺生日，是日大部分寺廟皆建醮祝禱。金門地區信奉池王爺的廟宇相當之多，如金城鎮東門里代天府廟，主奉溫、池王爺；金城鎮古崗村雙峯巖池王爺。金城鎮小西門武廟，境主爲池王爺與關帝爺，其中關帝爺神誕爲五月十三日。金寧鄉后盤村

圖七七：許多婦道人家圍在一起搓湯圓、共話家常，不論是結婚，或是逢年過節都洋溢著歡樂氣息。

圖七八：金城鎮金門城村東門張公宮奠安醮壇一景。

威濟廟池王爺，正月十五日設醮。金寧鄉后湖村昭應廟池王爺，該村每隔十二年的兔年即會舉行一次隆重海醮，爲金門地區最具特色廟會之一，至於過程儀節請詳見十月份后湖村的海醮介紹。金寧鄉古寧頭南山村鎮西宮池王爺，十月十二日設醮。金湖鎮后園村代天府廟池王爺。金湖鎮復國墩村欽月殿池王爺，正月十五日設醮。金湖鎮土樓村保安殿池王爺。金沙鎮劉澳村奎山宮池王爺，此宮另主奉保生大帝。

在所有林林總總池王爺廟宇之中，就屬金城鎮東門里代天府廟（俗稱池王爺宮）規模最大。位於東門里珠浦東路十二之一號。廟中主奉：大千歲溫王爺，五月十八日神誕，祀溫裕春；二千歲溫王爺，八月二十日神誕；三千歲溫王爺，十一月十五日神誕；大王池王爺，六月十八日神誕，並於是日設醮，祀池連陞；二王池王爺，十月十二日神誕；三王池王爺，神誕之期則不詳。此廟遠自大陸馬巷池王爺宮分靈而來。神本爲武進士，姓池，名連陞。某次於赴任所途中，月夜之中泊舟某處，忽聞臨舟之人商議以毒藥投入某處水井，池連陞知彼等爲瘟神，於是就請求細觀其藥，竟取而吞之，旋即死亡，而且全身呈靛色，是爲捨身救民而爲神的典範，也是信眾們心目中的守護神。

●十九日

俗云「佛祖生三樣新」，表示芋頭、地瓜、花生將開始大量生產。是日，也是觀音佛祖誕辰，須演戲酬神，大肆敬拜一番。

此日水頭村金水寺設醮。水頭村一般區分爲頂界、中界、下界、後界四個角落。金水寺這座擁有三百多年歷史的名寺古刹屬全村所共有。寺分前後殿，前殿主奉關帝爺；後殿則祀觀音菩薩，每年的正月十三日關帝爺聖誕、六月十九日觀音菩薩生日都會設醮一天隆重慶賀。建醮當天輪值的「頭家」要負責「搏頭家」（以擲筊的方式決定下次廟會輪值人員，俗稱頭家）。金水寺後殿觀音菩薩的「籤詩」十分靈驗，有時竟能與金城東門靈濟古寺、金湖

鎮太武山海印寺所抽的籤一般樣，此舉一直是該村善信們津津樂道之事。

●二十四日

金寧鄉古寧頭村雙鯉古地廟，位於雙鯉湖畔，為南山、北山、林厝三村所共有。始建於清乾隆十三年的雙鯉古地廟，據說位處蓮花穴上面，風景奇佳，且神靈特著。廟中供奉關帝爺，並陪祀周倉、關平，每年六月二十四日聖誕設醮。與廟旁的水尾塔，對面的風獅爺構成了相當具有特殊景觀的觀光地帶羣，是觀光客的最愛。

金寧鄉西浦頭村靈濟宮（昔稱三王府）境主高王爺，六月二十四日聖誕設醮。另外，宮中主奉的清水祖師，人稱祖師公，正月初六日聖誕。大道公，三月十五日聖誕。太子爺，九月初九日聖誕。以前每年都會在正月十五日、三月十五日、九月初九日三天設醮慶祝，惟晚近只剩六月二十四日一天而已。

●二十九日

金門城東門法力無邊廟（俗稱張公宮），該廟始建於明代。廟中除境主張公（張元帥）外，尚主奉蕭元帥、劉元帥、連元帥。據鄉耆邵來猛先生指出，張、蕭、劉、連為閭山法主四大元帥。金門城村東門境信衆總會在六月二十九日張公神誕當天設醮。以前設醮時間為六月十五日。彼時海水可以直接淹到廟前方，為對出巡的王爺致意，每年的八月十八日這一天都會舉行送王船儀式，如今地形變了，送王的科儀也停了！（圖七八）

●小暑

國曆七月七日或八日為二十四節氣中的「小暑」，意謂著天氣自此以後將逐漸炎熱。

●大暑

國曆七月二十三日或二十四日為「大暑」，是一年當中最酷熱的時刻。

輯七／瓜月（七月）

●初一日

　　七月初一，俗稱「開天門」——開鬼門關，下午要以隆盛食品在門口祭拜「好兄弟」，所有供品都要插上一支香，一旁還要擺上盥洗用具，這些都是其他一般拜拜當中少見的景況。金城鎮城隍廟前聘請道士建醮「開天門」，並由糊紙師傅糊製高達十三層的「旛旗」、一座觀音媽、兩支「血轍」，超度亡魂，入夜後並由道士昇壇入座，爲亡靈化食。月底「關天門」時也有相同儀式。有些村落還要拜海岸。天暗後，各戶人家須懸掛「路燈」於門前，供「好兄弟」照路之用，燈上兩側則書有「七月流火」、「陰光普照」等字樣。此燈須俟七月底「關地獄門」後始收起。（圖七九～八五）

●初七日

　　七月初七，即七夕天，又稱「七娘媽生」，爲牛郎、織女一年一會之日。

　　黃昏時，每戶人家都要在庭院中，以油飯、葷素菜碗、七朵七娘媽花、一包七娘媽粉、一疊七娘媽衣、一個七娘媽亭等敬拜七娘媽的誕辰。七娘媽花和粉分灑屋頂，七娘媽衣和亭則予焚化。七娘媽壇內的紙偶可剪下供小孩賞玩。（圖八六～八九）

　　也要拜床母，敬拜者必須站在房門口，拈香禱祝，恭請床母出來和七娘媽共享供品，拜床母的供品可少一些。

　　同時要爲家中每位小孩準備一串「捾絭」（音ㄍㄢ　ㄐㄩㄢ）——以紅絲線串有孔銅錢，日後男孩滿十六歲成年時，再備一副三牲爲該成丁男孩脫絭。（圖九十）

　　是日也是魁星爺聖誕日，古時讀書人常加以祭拜，俾求功名順利，今人多已不拜。魁星，即魁斗星君是也，又名文魁夫子。金門素有「海濱鄒魯」雅稱，參加科考的士子，爲求能在試場中獨占鰲頭，光宗耀祖，所以對主文運的魁星爺自是敬拜有加。而「魁」與「奎」諧音，因之一般人乃將位於金城鎮塗山頭的「奎

圖七九：圖爲金沙鎮沙美街於農曆七月初一日拜門口「好兄弟」熱鬧景象。

圖八十：鄉下一般住家拜門口情景，每道供品都要插上一炷香是最大特色。

圖八一：七月初一日金城城隍廟前豎起高達十三
層的「旛旗」開天門，超度孤魂。

圖八二：金城城隍廟於七月初一日於右側偏門布置一座觀音媽亭，超度孤魂。

圖八三：七月初一日金城城隍廟前豎起兩支「血轖」，超度亡魂。

圖八四：七月初一起，各家戶都會在門前懸掛書有「七月流火」、「陰光普照」等字樣的「路燈」，為「好兄弟」照路。

圖八五：有戶住家因同時管理三間房子，乾脆就將三盞路燈串連在一起，別出心裁。

圖八六：七夕敬拜七娘媽的「七娘媽亭」及三牲、油飯等供品。

圖八九：
拜七娘媽的供
品中，一定要
有七朵這種七
娘媽花卉。

圖八七：製作精美的七娘
媽亭。

圖九十：拜妥七娘媽後，長輩總會爲小兒戴上「捾絭」庇祐
平安。

圖八八：七娘媽亭拜妥後，可將其中的一、兩尊
七娘媽紙偶剪下供家中孩童把玩。

閣」暱稱爲「魁星樓」。此樓於清道光十六年丙申（西元一八三六年），由監生林斐章捐銀千圓創建。其後歷經數度重修，現列爲國家三級古蹟。具有一百六十五年歷史。爲二樓二簷六角形閣樓式建築，共用四十八個斗拱支撐。平時大門深鎖，每天清晨五點三十分到六點三十分之間，總有一位住在附近的老者前往開門焚香膜拜。閣樓四周據説原爲「蜘蛛穴」，因而縱使是炎炎夏天也沒有蚊子，倒是讀書納涼的好去處。

金沙鎮蔡厝村碧山宮南斗星君亦於本日聖誕，設醮日期則爲十月十五日。碧山宮始建於民國七十二年歲次癸亥，同年奠安。境主爲南斗星君與恩主公（聖侯恩主牧馬侯陳淵）。

●初八日

原爲金湖鎮新市里普度之日。其後曾一度爲了響應政府統一拜拜的政令，改爲七月最後一日普度。民國八十五年歲次丙子，又再度改回七月初八日設醮普度。新市里屬新興都會，再加上街道範圍並不是很大，是故所豎的旛旗僅三層而已。（圖九一～九三）

●十一日

金城鎮南北西街普度。此街剛好位於金城南門、北門與西門三個門里的交會點，因有「南北西街」之稱。

●十二日

金門瓊林瓷土公會以全豬、全羊祭拜好兄弟。昔日祭拜地點在金湖鎮白龍潭一帶，晚近已移至同鎮岳飛崗（俗稱白仔土坑）附近，例由縣長親臨主祭。

金城鎮西門新把刹（第二菜市場）普度。

●十三日

大勢至菩薩聖誕。

金寧鄉榜林村普度（如今改爲十五日普度）。

烈嶼鄉上林村高厝李府將軍廟李府將軍誕辰拜拜，但不設醮

圖九一：金湖鎮新市里普度即景。

圖九三：金湖鎮新市里普度用引路
　　　　燈，爲赴宴的孤魂提供照
　　　　明設備。

圖九二：
金湖鎮新市里普度範圍較小，
豎旛僅三層而已。

。上林村若加以細分，則可區分爲上林、下林、高厝三個角落，而且各有其不同的信仰中心。位於高厝的李府將軍廟始建於明朝初年，最後一次重修於民國七十年，此一古廟位於海邊營區內，爲前往小金門觀光的旅客必遊之處，平日即香火鼎盛，遊人如織。

●十五日（中元節）

　　七月十五日道家稱爲中元節，原是地官（清虛大帝）降臨評定人間善惡的日子，因此，道士要日夜不停的誦經，使得餓鬼囚徒們也能隨獲解脫。佛教則以是日爲「盂蘭盆法會」，意義在解救倒懸之苦，據說此典出自「目連救母」的故事，法會中以百種供物來供奉三寶（佛教以佛、法、僧爲三寶），俾報答父母的養育大恩，兩種性質截然不同。

　　唯自民國四十三年起，政府基於改善風俗立場，明定七月初一、十五和月底三日爲統一拜拜活動後，民間多選在七月十五中元節這一天，用米麵麥飯、四時果品、葷素菜碗、飲料糕餅……等，在各家戶門口盛大祀拜老大公（好兄弟，即各地冤魂野鬼），不意這種的拜儀，竟被人們與中元節畫上等號，形成今日「中元節幾乎是普度節」的混淆不清觀念。

　　除開初一和月底外，月中真正普度的日期並不嚴格限制，一般自初八日起，金門各鄉鎮陸續有地方性普度或村落性普度在舉行著，但在某些村落則只拜祖先和拜門口而已。金城鎮區還依里別分成東門（十七日）、西門（二十六日）、南門（二十日）、北門（十六日）等各自祀拜。此外，中元節當天，人們仍須備菜碗敬拜祖先。

●十六日

　　金城鎮北門地區普度。

●十七日

　　金城鎮東門地區普度。

●十八日

金城中街（今之金城鎮莒光路一帶，原稱義和的普度）俗稱「囝仔普」。

●十九日

金寧鄉安岐村、金湖鎮瓊林村兩地同時普度。（圖九四～一〇二）

●二十日

金城鎮南門地區普度。

圖九五：金寧鄉安岐村普度榜文。

圖九四：金寧鄉安岐村普度豎旛。

圖九八：普度供桌上的酒
　　　　杯、筷子大都呈
　　　　菱形排列。

圖九六：普度用大士爺及七爺、八爺。金寧鄉安岐村
　　　　的大士爺係木雕而非紙糊神祇。

圖九七：普度用孤魂厝。

圖一○○：金湖鎮瓊林村蔡氏宗祠
　　　　　前道士升壇入座情景。

圖九九：普度用觀音佛祖，信徒可以在擲筊獲允許之後，迎回家中供奉，次
　　　　年再以雙倍價格奉還。

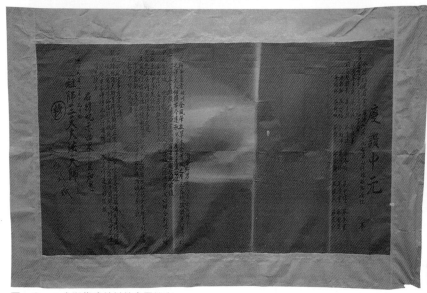

圖一〇一：金湖鎮瓊林村普度用榜文。

圖一〇二：普度期間，特別爲「好兄弟」準備的盥洗用具。

圖一〇三：金寧鄉湖下村普度拜海口一景。

●二十一、二十二日

　　金寧鄉古寧頭南山、北山、林厝地區普度，祭拜歷次戰役當中陣亡三軍將士及孤魂。

●二十三日

　　金寧鄉湖下村普度。湖下村民每年的這一天都以虔誠的心情來迎接此一盛典。光是豎旛即高達十三層，為金門地區之所僅見。據指稱旛旗的層數與普度的範圍成正比，每一層旛旗管轄的範圍廣達五里，若依此計算，則湖下村的普度範圍應涵蓋至廈門沿海一帶才對。正由於範圍太大，普度的科儀更是絲毫馬虎不得。每年都須持續到次日凌晨，由主事的長老擲筊請示普度公（即大士爺），待獲得俯允之後儀式才能宣告結束。（圖一〇三）

圖一〇四：金寧鄉湖下村普度用全豬。

圖一〇五：金寧鄉湖下村普度，楊姓以外的他姓信衆皆在民宅內祭拜情景。

圖一〇六：一般住家普度期間於家門口敬拜即景。

　　湖下村全村概以楊姓爲大宗，約可區分爲長房、二房、三房、五房及他姓等五個柱頭（角落）祭拜好兄弟。其中長房有供桌三聯（每聯計有六張八仙桌）；二房三聯；三房本有供桌四聯，現已改爲三聯；五房一聯。此四個柱頭的供桌一律擺在村公所前廣場及村公所內；其他姓氏的供桌則擺在民宅內祭拜。廣場上祭拜的全豬多達三十多頭，規模盛大空前。（圖一〇四～一〇六）

湖下村七月二十三日普度供品擺設簡圖（由道士升壇入座）

燭台　　成菱形排列的筷子酒杯　　燭台	……普度用供桌不必使用香爐
淡　　盒	……上插六串蜜餞及彩帶
雞、鴨、魚、肉等五牲	
圓題、燒割各一大塊肉	……圓題是生肉，燒割是熟肉
大　　點　　心	……胡椒包兩盤，各放置三十至四十個
香　　煙	
化　　妝　　品	
山　珍　海　味	……水果蜜餞類食品
八　　　　小	……八小碗供品。以獸類、鳥類肉品裝扮成西遊記、三國演義等歷史人物造型或龍、鳳、虎、豹、象等動物造型。
茶　葉、小　點　心	
八　　　　大	……八大碗供品。以獸類、鳥類肉品裝扮成西遊記、三國演義等歷史人物造型或龍、鳳、虎、豹、象等動物造型。
碗　　　　題	……碗內置放一塊約兩斤重肉品。
四　季　　碟	……分春夏秋冬四季。每季擺四排，每排四碟，四季共六十四碟。
菜　　　　碗	……最少十二碗。一般都會酌量增加數量。角落較大者，菜碗就會相對增多。
粿、粽、生米（或飯）	……數量不定。
四　碗　碗　桃	……桃形麵製桃子。

　　據「撿桌」（辦桌）十多年經驗的老師傅楊誠長先生指出，敬拜神明的供品，可依數量的多寡，而區分為大滿漢全席、小滿漢全席與五牲桌三大類。若依性質之不同，則又可區分為慶成醮（奠安）、平安醮與普度等三大主軸。（圖一○七）

圖一○七：「撿桌」經驗豐富的楊誠長師傅近影。

　　以下試以普度專用「大滿漢全席」為例，探索其中奧妙：

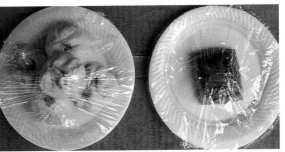

圖一一○：右為「三色糕」、左為「小點心」。

①五湖四海：「五湖」即指五碗湖水的產物，如鴛鴦、水鴨、龜、鱉、魚和禽獸等肉類。「四海」則指四盤海產類東西，如蟳、蟹、蝦、龜、鱉等物品。（圖一○八、一○九）

②三色糕：屬糕餅類製品，有黃、白、青三色。（圖一一○）

③大點心：胡椒包二盤，每盤各三十至四十個。

④小點心：小包子四盤，每盤各五粒。

⑤圓題燒割：圓題燒割各一塊。「圓題」指生豬肉而言，「燒割」則指熟豬肉，意即祈請神不用講客套，大可隨意割肉享用。

⑥八大：八大碗人物造型的供品。以禽獸類肉品、網絲油（豬肚外面的豬油）、雞頭、棉花、珠子、七里香、一般花卉或人造花等物品，經由老師傅的一雙巧手拿捏，頓時化平庸為神奇。此些

圖一〇八：中為「五湖四海」、右為「八大」、左為「五牲」供品。

圖一〇九：中為「五湖四海」、右為「小點心」、左為「八小」供品。

圖一一一：右為「八大」、左為「碟子」。

圖一一二：
辦桌的師傅正在雕塑各種不同造型的供品。

人物造型率皆取材於西遊記、三國演義、薛仁貴征東等歷史故事，旨在收教忠教孝之宏旨；有時也雕成龍、鳳、虎、豹、象等動物造型，藉收宏觀的旨趣。（圖一一一～一一三）

⑦八小：八小碗人物造型的供品。作法全上。

⑧碟仔：小盤子是也，可區分為春、夏、秋、冬四季。每季擺四排，每排四碟，四季共計六十四碟。內盛山珍海味、水果、花粉、化妝品、香煙、蜜餞等物品。

⑨菜碗：至少十二碗，一般情況下都會酌予增加數量。各柱頭（角落）的善信不但在數量上求以多取勝，更冀望在菜色、花樣上力求變化，造型奇特，顏色豔麗的供品，常令人有目不暇給的感

圖一一三：各種不同造型的供品。

覺。

　　「小滿漢全席」則沒有「五湖四海」和「四季盤」，在氣勢上真是不可同日而語。至於「五牲桌」那就更是小兒科了，除開雞、鴨、魚、肉、小肚等五牲外，就只有「八大」、「八小」、碟子十二塊、菜碗十二碗而已。（圖一一四、一一五）

　　一場普度大典，須耗費龐大的人力物力。除了「大滿漢全席」的張羅之外，紙糊神祇的準備也是重點所在。總體而言，一場普度期間的紙糊作品雖琳琅滿目，然若仔細探索，卻也不難窺其堂奧。以下就依金城紙糊師傅翁明鑫先生的說法，逐項敘述：

①大士爺──俗謂：「觀音化大士」即指此而言。據說大士爺就是觀世音菩薩為了鎮壓妖魔鬼怪而幻成兇狠的大士爺，因而大士爺身上往往可以看到另一尊觀世音菩薩像。

②七爺、八爺各一尊。（圖一一六）

③旛頭一支、旛層若干──旛層都是九層居多，金湖鎮新市里只三層，金城鎮城隍廟與金寧鄉湖下村則高達十三層，完全依各地之需要而定。

④大士山（又稱普度山）一座──上端有大士、觀音、善財、龍女、韋馱、護法等神像。

圖一一六：大士爺及七爺、八爺造型。

圖一一四：普度用大滿漢全席供品。

圖一一五：五牲。

⑤文殊菩薩一座——上面有小山一座，以及騎獅、騎象等神祇（此為瓊林村普度專用）。

⑥路燈若干支——普度的村落有多少位「老大」（長老）即用多少支路燈。

⑦血轓兩支——此為金城鎮城隍廟於七月初一開天門時專用，俗稱金門主普。其中又可區分為水轓與血轓兩種。水轓綠色，專門超度溺死水中的孤魂野鬼；血轓則為紅色，超度陸地上凶死的孤魂，俾使其早日解脫困境。

⑧孤魂厝（俗稱男堂女室）一間。

⑨香燈一對——供拈香之用。

⑩白高錢一對。

⑪懺童一對。

⑫更衣山一座——提供孤魂更衣之用。

⑬金山、銀山各一座——金山上面貼滿金色冥紙；銀山上面貼滿銀色冥紙。

另據金城奇香糕餅店楊國慶老師傅指出，普度期間只要「坐座」（意即升壇入座），就須準備紅龜仔粿、米製茗花餅、佛手、包子以及中餅等五種糕餅供道士「坐座」之用。道士一邊朗誦經典，一邊隨手扔出上開物品，供幽靈使用。在這些糕餅當中的「佛手、包」就是專供幽靈「接腳、接手」用的「義肢」。（圖一一七～一二一）

●二十四日

金城鎮東門菜市場普度。

●二十五日

金城抬轎巷一帶普度。

●二十六日

金城鎮西門地區、金城鎮金門城村兩地同時普度。

●二十七日

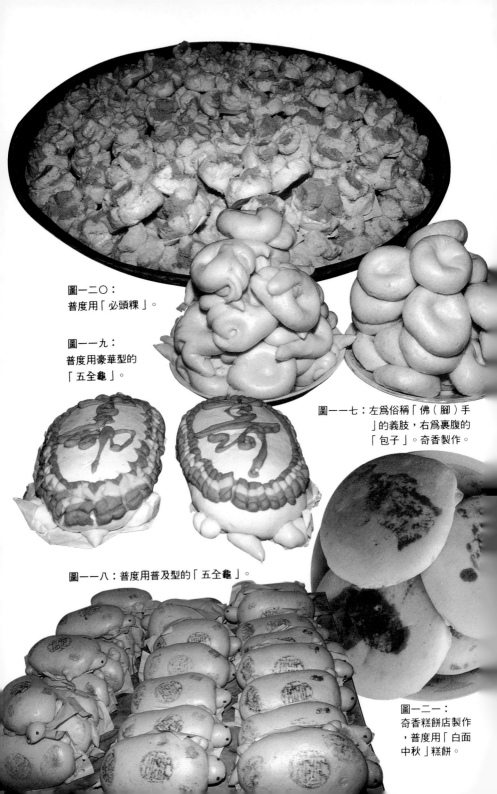

圖一二〇：
普度用「必頭粿」。

圖一一九：
普度用豪華型的
「五全龜」。

圖一一七：左爲俗稱「佛（腳）手
」的義肢，右爲裹腹的
「包子」。奇香製作。

圖一一八：普度用普及型的「五全龜」。

圖一二一：
奇香糕餅店製作
，普度用「白面
中秋」糕餅。

金城觀音街普度。

●二十八日

金城鎮南門里小正普度。

●二十九日

金城鎮安和新村、后豐港村；金湖鎮小徑村等三地同時設醮普度。

●二十九日或三十日

屬七月最後一日，也是俗稱「關天門」──即關起鬼門關的日子。是日，所有人家都要拜門口，拜海邊，並以葷素菜碗犒軍，燒庫銀。爲使老大公（好兄弟）能及早趕往鎮上吃普度，敬拜時間都盡量提前在午後一、二點鐘左右。敬拜老大公時，不論是初一或月底，一律要準備一盆洗臉水，供品也不計生、熟（即任何食品皆可敬拜），舉行拜禮時，每道供品皆要插一炷香，敬拜過的洗臉水據說洗後可對皮膚產生保護作用。金沙鎮沙美街道亦於是日普度。

●三十日

地藏王菩薩聖誕。

●立秋

國曆八月七日或八日爲二十四節氣中的「立秋」，這意謂著涼爽舒適的秋季即將來臨。俗諺云：「六月入秋緊溜溜，七月入秋秋後油」，表示六月入秋天氣較涼爽，七月入秋則天氣酷熱難挨。

●處暑

國曆八月二十三日或二十四日爲二十四節氣中的「處暑」，「處」有居住之意，亦可引伸爲終止解。「處暑」意謂著炎炎酷暑至此打住。

輯八／桂月（八月）

●初一日

天門已關起，鬼魂回關，自此以後雨水較少，人們做任何事也較無七月份般禁忌繁多。

烈嶼鄉上庫村郊萬神爺宮地藏王（目連）聖誕。

金城鎮北門里北鎮廟普度，爲七月的普度畫下完美句點。

●初二日

烈嶼鄉東林街近郊九天玄女廟及烈嶼鄉后宅村敬天亭廟九天玄女聖誕。前者拜拜時間爲九月十九日觀音佛祖聖誕這一天。後者則僅於當天舉行拜拜而已。

●初五日

金沙鎮西山前村聖侯廟邱王爺聖誕。聖侯廟俗稱「下宮」。此外該村尚有一水尾宮及另一間俗稱「頂宮」的王爺宮，建於村旁的五虎山上，主奉朱、邢、李王爺。民國三十八年被拆。以前每年八月初五、九月二十兩天設醮，晚近因人手不足，只剩九月二十日一天而已。

●初六日

金寧鄉后沙村鎮南宮魏府將軍（俗稱將軍爺）聖誕設醮。以前每年正月十六「做天香」拜拜，惟晚近時間較不固定。據載鎮南宮之建，不在宋末，即在明初。宮中供奉魏府將軍與普庵佛祖（聖誕之期爲十一月二十七日），二者同爲后沙村鎮境古佛，尤其魏府將軍曾受康熙皇帝敕封爲「鎮朔將軍」。

●初八日

俗稱「八仙過海，打雷擊破仙肚，三天下一次雨」，表示容易下雨。

●初九日

金寧鄉古寧頭村南山將軍廟愛國將軍聖誕建醮。此廟始建於民國四十五年。

●十二日

金沙鎮官澳村龍鳳宮黎王爺誕辰，每戶人家都要犒軍拜拜。龍鳳宮固定醮期爲三月二十三日媽祖生日、八月二十二日廣澤尊王生日兩天。而威靈顯赫的黎王爺生日則不一定設醮，有時只是拜拜而已，有時則因善信發願謝醮，屬不定期性質。話雖如此，然法力無邊的黎王爺卻是遠近馳名的神祇，每天慕名前來膜拜的信衆更是絡繹於途，香火十分興旺，是你我共同的守護神。

金城鎮歐厝村五顯廟金府王爺聖誕，建醮時間不定。五顯廟始建年代雖不可考，然廟中供奉的金府王爺等諸神明，卻是周里宗教生活之所寄。

●十五日（中秋節）

一年一度的中秋佳節屬中國三大節日之一，慶儀亦多：

㈠敬天公——清晨，各家各戶皆要搬八仙桌至燈樑下，擺設五牲（雞、鴨、魚、肉、豬肚等）或三牲（雞、魚、肉等）、菜碗（擺五牲用十六碗，擺三牲用十二碗，可用糕餅、水果替代）、兩盤花生粿（一盤紅圓，一盤紅錢，各十二粒）、三杯清酒和三杯清茶，一份金帛，闔家虔誠焚香敬拜天公。

㈡拜佛祖——備果品敬拜即可。

圖一二二：
一盒中秋餅、兩個文旦、少許紅粿，如此即可在月光下敬拜「月娘媽」。

㈢做春秋拜祖先——舉凡全年中未挑名做忌日的列祖列宗們，則以「做春秋」方式祭拜。一年共做兩次「春秋」，一次在二月十五日，稱爲春祀；一次在八月十五日，稱爲秋嘗。因做春秋的祀拜對象多，供品必求豐盛爲原則。

㈣拜地基主——午後，可任意時刻備菜碗拜地基主，但須在天黑之前。

㈤拜月娘媽——當月亮出現時，備月餅、文旦柚、金帛祀拜。如遇月蝕，即認爲月亮被天狗所吃，應速敲打臉盆、畚斗等容器，將天狗驅趕，民間「破鼓救月」即指此而言。拜完月娘媽後，舉家團聚吃月餅、文旦柚。由「八月十五吃芋粥（音ㄇㄞ），一人關一間」，「八月吃籤芋，關門又拴戶」兩句諺語，可見本地過了中秋，天氣就逐漸轉涼。（圖一二二）

㈥施放天燈——天燈又名孔明燈。民國八十三年，金門地區曾在慈湖堤畔，舉辦祈安納福施放天燈的精采活動，造成萬人空巷的壯觀場面，爲地區所僅見。

㈦搏狀元餅——當三五好友或親人團聚的中秋夜，爲替父母增壽而遲眠，往昔時興玩益智又有趣的「搏狀元餅」遊戲，形成金門中秋節一大特色。此一遊戲曾一度式微。晚近在政府大力推展民俗文化的薰陶下，頗有再獲青睞的趨勢，如金門社教館、金湖鎮新市里武德新莊，在有關單位及民間熱心人士推廣之下，風氣已大爲普及。這種遊戲共須六十三個餅品（計狀元餅一個、分平餅兩個、三紅餅四個、四進餅八個、二舉餅十六個、一秀餅三十二個，樣式依序由大而小），目前市面上並無現貨供應，須事先訂購。據製餅已四十五年經歷的奇香餅店楊國慶師傅言：普通訂三至四斤爲主，約新台幣三百至四百元；也有訂四至五斤者，約六百元；尚有訂八斤者，約一千元左右；再有訂十斤者，則須一千五百元，概由客人喜好而定，遊戲時以骰子六顆做爲遊戲的工具，並事先約定遊戲規則後，再依擲出骰子的情況，評定拿取的餅數和餅品

圖一二三：
金湖鎮新市里武德新莊陳永實老師等熱心人士，每年中秋夜都會義務指導，鼓勵大家玩「搏狀元餅」遊戲。

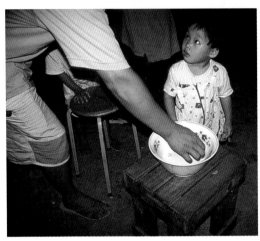

圖一二四：
金湖鎮武德新莊中秋夜搏狀元餅現場即景。

，今由高位逐下敘述：（圖一二三～一二六）

1. 六卜──地位最為尊高，當擲出六顆都相同的點數時稱之。具有拿走全部餅品的特權，其他人須俟再買來全套狀元餅後，重新玩起。

2. 五紅──地位次之，當擲出五顆四點時稱之。「五紅」具有拿取「分平餅」的特權，如「分平餅」已被搏走，則可自對手中拿取回來，這種情形稱做「五紅調雙及第」。

※3. 狀元插金花──地位又次之，當擲出四顆四點，兩顆么點時稱之。但據楊國慶先生稱，這種「狀元插金花」屬第三大的玩法，早期才有之，現已不做如此玩法，故不予列入排序。

圖一二五：金城奇香糕餅店楊國慶師傅特地為筆者義務製作各式狀元餅，舉凡狀元、分平、四進、三紅、二舉、一秀，總共六十三個，大小一應俱全。

4. 五子——地位又次之，當擲出五顆四點以外的相同點數時稱之。

5. 四紅——地位再次之，當擲出四顆四點時稱之，其餘兩顆點數的和愈大，表示地位愈高。

以上2、3、4、5種情況均具有狀元資格，但僅是暫定的身分而已，須照事前約定規則，待所有餅搏完後，最終地位最尊大者才能獲得唯一的「狀元餅」。

6. 大龍頭小龍尾——當擲出六顆皆不同的點數時稱之，可獲得一個「分平餅」。

7. 當擲出兩組三顆點數相同時，可獲得一個「分平餅」。例如三顆六點和三顆二點。

8. 當擲出三組兩顆點數相同時，昔時若於事前特別約定，亦可獲得一個「分平餅」。例如二顆六點、二顆五點和二顆三點

圖一二六：圖爲廣電基金攝製組人員，慕名前往金城奇香糕餅店拍攝楊國慶師傅講解「搏狀元餅」的畫面。

。但現今玩法則不允獲「分平餅」。

9. 四進帶舉——當擲出四顆四點以外的相同點數，其餘兩顆且皆爲四點時稱之，可獲得一個「四進餅」和一個「二舉餅」。

10. 當擲出四顆四點以外的相同點數時，可獲得一個「四進餅」。

11. 當擲出三顆四點時，可獲得一個「三紅餅」。

12. 當擲出兩顆四點時，可獲得一個「二舉餅」。

13. 當擲出一顆四點時，可獲得一個「一秀餅」。

當「狀元餅」被搏到後，也正是該遊戲結束之時。搏到「狀元餅」的人可坐享吃餅樂，其他參與遊戲的人，則須平均分攤全套「狀元餅」的花費。此般「搏狀元餅」遊戲考據其起源，坊間均宣稱是國姓爺鄭成功爲解兵士思鄉情懷所創立，唯楊國慶先生因幼年聽老輩長者和國小教師教導而有另一種説辭：漢朝韓信有次帶兵駐扎外地，屬下因思鄉精神萎靡，於是以石頭刻字，令部

圖一二七：金城東門里欽旌節孝坊下的石
　　　　獅爺公生日當天風光的一面。

屬嬉玩，久之相沿成習，流傳而蔚爲風潮。

（八）聽香——是夜，不孕婦女仍可進行「聽香」活動，一如上元暝。近年來縣政府或社教館還舉辦月光晚會，提供民衆盡興歌舞機會。

金城鎭東門里欽旌節孝坊石柱下的石獅爺公生日，附近的居民會以三牲、素果等供品敬拜。這一尊石獅爺公（亦有人稱之爲石仙姑。因爲此尊石獅懷抱小獅，應屬母獅殆無疑問，故而稱石仙姑似乎妥當一些）據說靈驗無比，尤其在昔日醫藥不發達的時代，當小朋友「生虎鬚」（嘴角兩側長痱子，並出現紅色的斑點時），只要前往親吻石獅爺公，就可不藥而癒。（圖一二七）

八月中秋除了上開這些慶儀之外，島上許多廟會亦有可觀之處，玆分別臚列於下：

金寧鄉湖南村吳保殿吳府王爺聖誕。全村只有二十戶人家，故而醮儀每兩年舉辦一次，且時間不定。

金寧鄉東洲村孚佑廟朱王爺聖誕，此日依例建醮慶賀。

金湖鎭東村滄龍宮森王爺聖誕。據呂世榮先生指出，此尊森王爺是三眼的造型，當年曾一度與庵邊村的吳王爺合力捉妖而傳誦一時。

金湖鎭下新厝村鷹龍廟朱王爺聖誕。八月初十、十一日兩天設醮。此廟建於民國癸丑年八月。因囿於村小人少，設醮時間一般都無法固定。

金沙鎭斗門村靖海堂當境公（聖誕日期不詳），每年八月十四、十五兩日設醮。斗門村目前擁有新、舊兩間號稱靖海堂的廟宇。舊廟位於村郊前方的田埂上面；新廟位於村莊內部。民國五十八年重修的舊廟，目前已殘破不堪。當境公早期即供奉於此廟中。

金沙鎭後浦頭村慈德宮黃府大王爺（祀鄉賢黃逸史）聖誕設醮。慈德宮建於淸光緒丙子年。宮內除供奉黃府大王爺黃偉外，

尚有朱府二王爺、黃府三王爺、朱府四王爺、白府五王爺等神明。黃偉，字孟偉，號逸叟。汶水頭（今之後水頭村）人。性敏而誠慤，貌古而心淳，生前常以「不可」（意即不宜動輒興訟）兩字為人排難解紛，一秉息事寧人襟懷，使雙方得以化干戈為玉帛，也因此而為自己博得了「不可先生」美譽。據黃氏族譜載，黃偉的墓園即葬在後水頭村郊「飛鴉落田」靈穴上面，黃氏子孫皆暱稱此墓為「石雞、石狗墓」。每年八月十五日當天，後浦頭村都會隆重設醮慶賀。醮儀中最大的特色是送王船的儀式。船雖不大，然一次同時送兩艘卻是少見的特例。

金沙鎮後浦頭村汶鳳殿（俗稱后宮）田都元帥也於是日聖誕，然設醮的時間卻是十月初六日。據載此殿應建於明代，為後浦

圖一二八：金沙鎮田埔村泰山廟及廟祝王老先生。

頭村最早的一間寺廟，其後因年久失修頹圮。民國八十四年重修完竣並於同年年底奠安。殿中尚供奉清水祖師（正月初六日聖誕）等神明。

金沙鎮後水頭村汶源宮（俗稱下宮）田都元帥聖誕設醮。宮中供奉的田都元帥有三尊，依序為大元帥、二元帥、三元帥，以及恩主公、恩主娘等。目前正改建中。宮前水池邊的風獅爺相當具有特色，是觀光客的最愛。每年農曆五月初一是風獅爺的生日，村民們敬拜時往往以麵食、糕餅塞其口中。

金沙鎮田埔村泰山廟城隍公聖誕設醮。泰山廟俗稱東嶽廟，建於明洪武年間。廟雖不大，但卻是全金門最早的一間城隍廟。廟中供奉城隍公、城隍娘等神明。每年八月十四、十五兩天設醮慶賀，是島上所有的善信必拜的一間古廟。若能善加規畫，應具有很高的觀光賣點。（圖一二八）

烈嶼鄉后井村劉府王公廟劉府王公聖誕，這一天舉行小規模拜拜。

●廿日

金城鎮南門森羅殿萬神爺聖誕建醮慶賀。森羅殿俗稱萬神爺宮，位於中正圖書館後側海邊。殿中主奉萬神爺。萬神爺據稱就是大家耳熟能詳的包公包大人。另陪祀兩尊軟身造型的泰山顏、柳督察。據稱兩位督察皆唐室忠臣，原供奉於福州東嶽泰山廟，香火鼎盛，信徒絡繹於途。民國三十八年神州淪陷，福州籍游擊隊員隨政府轉進來金時，依記憶所及，重行塑製金身，並供奉於森羅殿內，三月十六日為其神誕之日。每年四月十二日金城城隍爺生日繞境大遊行時，往往可以看到造型奇特的顏、柳都察與范、謝將軍，文、武判官前後相互輝映的精采畫面，予人印象深刻。

●廿一日

金寧鄉中堡萬善堂包公聖誕，此日建醮。

●廿二日

金沙鎮官澳村龍鳳宮內廣澤尊王誕辰，也是官澳村一年中三大拜拜之一。當天照例要演戲酬神，請諸王爺出巡吃三牲粿，一如正月十五盛況。廟會範圍甚而遠至鄰近的吳坑村。（圖一二九～一三五）

此外像金沙鎮呂厝村朝山寺、內洋村景山宮、金湖鎮后壟村保安廟廣澤尊王誕辰，這一天都會建醮予以大肆慶賀一番。

廣澤尊王，又稱郭聖王、郭王公、保安尊王。本爲福建泉州府南安人，姓郭名洪福。幼時因家貧而一度受雇爲牧童。十三歲得道坐化昇天。金門地區供奉廣澤尊王的廟宇不計其數。然供爲主奉神祇的卻僅止於此些廟宇而已。

金沙鎮浦邊村蓮法宮黑旗將軍也於是日誕辰。每年九月二十五日爲廟中衆神祇設醮。

● 廿三日

金沙鎮山西村明王殿邢王爺（與北嶽廟二樓供奉同一尊神祇）誕辰。

烈嶼鄉后頭村麟護宮媽祖誕辰設醮。始建於清乾隆年間，民國六十九年仲秋重建的麟護宮，是從羅厝西湖古廟分爐而來，因而原本農曆三月二十三日的媽祖誕辰，在該村反而以八月廿三日分爐這一天建醮拜拜。

● 廿五日

金湖鎮新塘村天德府廟，建於民國八十年。廟中供奉的李府將軍於是日誕辰。

金沙鎮山后村感應廟金王爺聖誕設醮，另外三月十九日六姓府生日這一天也建醮。

● 廿六日

金湖鎮西村保蓮殿林王爺聖誕建醮。

● 二十七日

金城鎮夏墅村延平郡王祠延平郡王鄭成功誕辰，舉行公祭。

圖一二九：由左而右依序為金沙鎮官澳村龍鳳宮媽祖、廣澤尊王以及衆王爺的神轎。

圖一三〇：廟會演戲酬神，增添熱鬧氣氛。

圖一三一：龍鳳宮廟會，乩童、法師、信衆等安鎮五方情形。

圖一三四：金沙鎮官澳村龍鳳宮「頭家」輪值
牌。

圖一三二：
廟會當中法師施法準備「放兵」（調兵遣將）。

圖一三三：法師陳梅濤於廟會後，在村中各家戶安鎮門符神情。

●二十八日

　　金城安和社區安德宮雷、金、康三府王爺聖誕。

●白露

　　國曆九月八日或九日爲二十四節氣中的「白露」，此時天氣逐漸轉涼，夜間水氣偶爾會凝結成霜。杜甫於白露節夜晚「月夜憶舍弟」詩有云：「戍鼓斷人行，邊秋一雁聲。露從今夜白，月是故鄉明。有弟皆分散，無家問死生。寄書長不達，況乃未休兵。」盈盈清露，著實令人寒意頓生。

●秋分

　　國曆九月二十三日或二十四日爲二十四節氣中的「秋分」。俗諺云：「秋分，暝日平分」，此時太陽光直射赤道，晝夜時間完全相等，爲秋天的中期。

圖一三五：金門守護神風獅爺開光儀式。

輯九／菊月（九月）

●初一日

　　烈嶼鄉湖井頭村郊顯靈宮的白先生聖誕拜拜。

●初三日

　　金寧鄉安岐村郊將軍廟的鎮國將軍聖誕。

●初六日

　　金沙鎮新前墩村東關廟董王爺聖誕。每年是日與八月十三日（蘇娘娘聖誕）輪流設醮。

●初七日

　　烈嶼鄉東坑村清雲祖師廟清雲祖師聖誕。十一月十二日設醮。東坑村可區分爲上東坑及下東坑兩部分。清雲祖師廟則爲全東坑村居民共有的信仰中心。

●初八日

　　金寧鄉西浦頭李光前將軍廟李光前將軍聖誕，每年九月初七、初八日建醮。李光前將軍廟始建於民國四十二年，民國六十八年擴建成今日廟貌，並加蓋牌樓一座。牌樓前石碑即李將軍殉國處。李光前烈士，號帆夫，湖南平溪縣人。陸軍軍官學校十六期步科畢業，由排長、連長、營長、副團長洊升至團長，於抗戰戡亂諸役屢建奇功，曾獲頒忠貞獎章、勝利勳章、七等雲麾勳章等殊榮。民國三十八年十月二十五日匪犯金門古寧頭之戰，烈士身先士卒，翌日不幸因公殉職，時年僅三十有二。將軍殉國後屢顯英靈，庇祐羣生。金門各界人士乃於民國四十二年間擇定西浦頭烈士殉國處建廟爲祀，前往頂禮膜拜者，絡繹不絕。尤其是每年九月初七、初八兩天的廟會，更是盛況空前。

　　金寧鄉昔果山復國廟李將軍聖誕。此廟於十多年前，由該村薛姓、余姓信衆自西浦頭李光前將軍廟分爐而來，主奉李、趙兩位將軍。

●初九日（重陽節）

　　九月九日俗稱重陽敬老節。傳說是日九龍巡江，較容易下雨

；又說「九月九降風」，當天起風勢轉強，天氣變冷。這一天，金門本地未舉行任何慶典和儀禮，僅由各鄉鎮負責人攜禮金和禮品，分赴各人瑞府中加以慰問而已。

金寧鄉古寧頭南山村仙姑廟建醮（有時提前為初八日舉行）。此廟係自烈嶼鄉青岐村仙姑廟分靈而來。

金城鎮南門里睢陽廟厲王爺、金門城村南門睢陽著節廟厲王爺、金寧鄉頂堡村下堡鎮西宮厲王爺、金寧鄉嚨口村雞山宮厲王爺、金沙鎮後浦頭村（小浦頭）川德宮厲王爺、烈嶼鄉上林村下林厲王爺宮張府厲王聖誕皆設醮。厲王爺即張巡，於唐玄宗天寶十四年安史之亂期間，以御史中丞協助許遠死守睢陽城，阻匪南下，為江淮屏蔽堅守八月，大小四百餘戰，殺賊十餘萬，由於外援阻斷導致城破被俘，最後壯烈為國捐軀，英烈事蹟永垂青史。張巡就義後，英靈不滅，常顯靈捍衛社稷，宋帝感念其功而追封為厲王，民間習慣上暱稱為厲王爺。

金城鎮水頭村勇伯仔宮勇伯公聖誕拜拜。勇伯仔宮約建於清光緒年間。中日甲午戰爭以後，滿人失策，割讓台灣給日本。日軍於遣送清軍回返大陸時途經水頭村外海，適逢九月九日暴風雨來襲，導致清軍全數淪為波臣，後經水頭村居民將屍首掩埋於沙墩上，並建廟奉祀迄今。

金沙鎮田墩村西嶽廟西嶽華山金天順聖大帝（俗稱西嶽大帝）聖誕設醮。此外，正月初九天公生當天，也是西嶽廟相當熱鬧的時候，來自四方八面的信眾總是將不甚寬敞的西嶽廟擠得水泄不通，香煙繚繞。

●十二日

烈嶼鄉湖下村與羅厝村之間路邊的黃府將軍廟黃府將軍聖誕建醮。

●十三日

金寧鄉下埔下路邊愛國將軍廟愛國將軍聖誕。

●十五日

是一代大儒朱子誕辰。民國八十五年歲次丙子適逢朱熹八百六十六週年冥誕。每年的九月十五日這一天，縣長依例都會率金門各界代表遵循古禮祭拜。祭禮在上香、獻花、獻爵、獻饌、獻果及三鞠躬禮之後禮成。朱子任同安主簿時曾多次過化金門，建書院於燕南山上，還於浯江書院舊址講學，揭示傳統喪葬婚娶的儀典，民間至今仍沿用中的禮俗即深受朱子遺風影響。金門古時能有「海濱鄒魯」雅稱，實朱子之功也。（圖一三六）

金沙鎮碧山村昭靈宮田府元帥誕辰設醮。昭靈宮的田府元帥共有三尊，依序為大相江爺、二相江爺、三相江爺。田府元帥，也有人稱為田都元帥、相江爺、相公爺或雷元帥。姓雷，名海清，唐天寶年間人士，司管梨園，為音樂之神。

●十六日

金沙鎮沙美萬安堂大宋三忠王聖誕設醮。以前每年三月十五日該廟保生大帝聖誕這天也設醮。再者，金沙鎮營山村營源廟三忠王聖誕也設醮。三忠王又稱三忠公，即宋丞相文信國公天祥、張越國公世傑、陸丞相秀夫是也。三公皆南宋忠賢，同為匡扶社稷，力挽狂瀾於既倒，圖拯生民於塗炭的忠臣義士。

●十九日

是觀音佛祖的誕辰。

●二十一日

金沙鎮陽宅村會山寺普庵佛祖（普淨）聖誕，每年九月二十、二十一兩日設醮。

●二十四日

金城鎮官路邊村回龍殿金王爺是日聖誕。建醮時間則為八月十六日與五月十六日兩天輪流舉行。

●三十日

藥師佛準提菩薩聖誕。

圖一三六：位於金城中正國小旁，曾是朱子講學故址的朱子祠。

● 寒露

　　國曆十月八日或九日為節氣中的「寒露」。時值深秋，早晚天氣更涼，夜裡露水更濃了。杜牧秋夕詩：「銀燭秋光冷畫屏，輕羅小扇撲流螢；天階月色涼如水，臥看牽牛織女星。」該是最好寫照。

● 霜降

　　國曆十月二十三或二十四日為節氣中的「霜降」。此時應是天氣寒冷，屋外開始降霜的季節，然金門地區因緯度適中，氣候溫和，降霜的情景倒是少見。

輯十／陽月（十月）

●十日

金城鎮南門里禹帝廟距今約有二、三百年歷史。廟中供奉水仙禹帝，每年十月初十為聖誕之期，當日依例都會設醮祝禱。金城鎮南門里漁民於清道光四年一個月黑風高的夜晚，因迷途海上，後經火炬指引迷津，並拾獲香木一塊，漁民感念神明顯靈庇蔭而脫險，於是將香木攜回供於網寮（今之禹帝廟現址），後經扶乩神示該木塊就是平山河水仙禹帝，欲駐蹕本島庇祐黎民，信眾依神示將香木雕成禹帝神像，奉祀至今。

金城鎮泗湖村代天巡狩宮境主五主柳府王爺，十月初十日聖誕。建醮時間則為十月初不定日舉行。

●十二日

金寧鄉湖下村貢王（送王船）。

●十五日

俗語云「十月半種麥，無早無晚」，表示十月中旬種植大、小麥皆是最恰當時刻。

烈嶼鄉西方村「釋迦佛祖、玄天上帝宮」號稱「烈嶼宮王」，地位最崇高。祂是由西方、西吳、下田、雙口、東坑、湖井頭等六個村落共有的信仰中心。此宮每年農曆十月十五日都會「做王醮」。整個醮儀為期兩天。十六日清晨天未亮時，信徒就會在該宮前往中墩村的大排水溝送王船。王船全長一丈八尺，寬四尺，深度兩尺半到三尺，船底漆白色，船頭船尾則漆上鮮豔色彩，兩側都有射口。此種王船有三帆（遠洋用）與二帆（近海用）之分。

王船上的配備可謂一應俱全。有桅、帆、十多名水手、一位船官（負責行政管理）、一位官長（負責管理水手）、一位亞班（負責船帆的升降，屬技術人員）、一至二艘的救生艇，還有伙食委員、有日用品、有水櫃、有柴米油鹽等，為烈嶼鄉最隆重的「送王船」廟會。除此之外，像黃厝、林邊、青岐等村落也有類似的

科儀，只是規模略小一些罷了。

●十八日

金湖鎮庵邊村護安宮的坐向爲子午兼癸丁。至於建築年代則不可考。民國五十四年重修，同年奠安。廟中供奉金王爺、許王爺、周王爺、吳王爺及朱、邢、李三王府。據呂添火、呂世榮賢喬梓指出，當地信衆皆以「周、許、吳、金、三王府」來暱稱廟中的神祇。其中境主金王爺聖誕爲十月十八日。建醮時間則爲九月二十八、二十九兩日。

●十九日

金寧鄉昔果山村法主天君廟重建於民國四十九年。境主爲閭山法主，十月十九日爲神誕之期，是日亦爲建醮時刻。

●二十日

金城鎮吳厝村仰峯宮，始建於唐代。其後歷經數度重修，始成今之廟貌。境主吳府大千歲，十月二十日聖誕建醮。吳真人係吳厝村信衆祖佛，爲島上名醫，濟世救人，名揚人間，曾封授吳府千歲，威鎮西南，代天巡狩，有數百年歷史，香火鼎盛。

●二十一日

金沙鎮田埔、內洋、大地、新前墩、東沙尾等五個村落共有的「五鄉太子」神誕，建醮情形如正月初九日大地村所述，此處不再贅言。

●二十二日

金沙鎮東沙尾村境主二太子爺聖誕，是日設醮。

●二十五日

金城鎮水頭村惠德宮李王爺聖誕。水頭村可依地段之不同而區分爲頂界、中界、下界、後界四個角落。惠德宮屬後界所有，又名「後店仔宮」或「後宮」。廟始建於清光緒辛卯年，供奉李、蘇、金、溫、朱等五位王爺，並由李王爺主壇，每年十月二十五日這天建醮。以前正月十五日元宵節還會舉行過火儀式。

金湖鎮料羅村代天巡狩廟，廟中主奉大王爺、二王爺等衆神祇。每年九月初一日、十月二十五日兩天輪流建醮。

●二十六日

金湖鎮料羅村三漁王廟三漁王聖誕。此廟屬庶物崇拜典型，廟中主奉三漁王。十月二十六日神誕當天設醮。

●二十七日

金城鎮金門城北門迴向殿，始建於明代。殿中供奉北岳大帝等神祇，神誕之期只知爲八月份，至於詳細日期則不可考；金城鎮東沙村廣濟廟境主王公、王娘聖誕，詳細日期亦不可考；金城鎮前山前村修文殿境主朱王爺，神誕之期爲五月十六日。上開三座廟宇每年十月不定日建醮。

金寧鄉下埔下村代天府廟境主溫王爺，聖誕之期無法考證，每年十月初建醮。除此而外，像金湖鎮前埔村清秀山宮境主佛祖公(即普庵佛祖)亦於是日聖誕，十月二十六、二十七兩天建醮。

●金寧鄉后湖村海醮

「民國三年本境的一次重大海難，造成了相當慘重的損失。翌年村民們在境主的聖示之下，決定設醮祭奠海中孤魂，冀求海面平靖、漁源豐沛。此後遂成定習，每逢兔年即援例建醮祭拜，前後已歷七次。」這是爽朗健談的許水澤老師對海醮一事的開場白。

海醮之所以特別引人注意的地方，在於它和一般廟會有顯著的不同。基本上它是以海面的幽靈爲主要的祭拜對象。性質上近乎超度亡魂的拜儀，而且是十二年才舉辦一次隆重慶典，故而遠近馳名。爲一睹其原貌，特地走訪該村耆宿許加庚、許加和先生及許水澤老師。訪錄期間並蒙許加庚先生慨借海醮參考資料乙本。該份資料係由許水澤老師親自整理校繕，內容翔實、文采華美，實爲不可多得之史料。

后湖村的海醮除了是固定在兔年舉行外，月令一般都定在農

曆八至十月之間，至於詳細日期則取決於神明的旨意。每逢兔年元宵節，即由籌備委員、船主、網主暨昭應廟當年輪值「頭家」出席籌備會議，會中並公推出納、會計各乙名，開始籌備各項前置作業，舉凡道士的延聘（除首次海醮由廈門南普陀寺高僧主持外，其餘皆禮聘道士主壇）、庫錢的訂製（海醮使用的庫錢尤其要特別講究，不但張數要足，每擔一百張，紙質更不可馬虎。早期使用的庫錢是四百擔，以後陸續增加到八百擔）、糊紙神祇的訂製、醮壇內外人員的調配、物品的採購、丁口（男丁女口）以及戶口數的統計、宴客事宜的籌備等鉅細靡遺，絲毫草率不得。此外還要由眾多船主、網主當中抽籤決定二位持簶人選，並雇用一位婦道人家負責牽水轍。

討海人的生活是相當艱苦的。一場三天（其中兩天在海灘舉行超度儀式，另一天在昭應廟前設醮酬神）兩夜的海醮所費不貲，這一筆龐大的開支對收入原本不豐的后湖人來說，無疑是一大負擔。為免捉襟見肘的窘態一再重演，后湖村的鄉紳乃訂定出一套可長可久的募款辦法廣募基金，舉凡南洋的僑匯，漁船、絲稷、網主的所得，公教人員的薪俸等皆納入計算。前四次的海醮經費來源主要皆以僑匯、漁獲為主，第五次以後公教人員就比照漁民辦理，到第七次海醮時更是強制規定以公教人員底薪的百分之二十為基金來源。

海醮日期一經確定，主事人員就需各司其職、各就其位，於醮前一週恭迎金城城隍廟邑主城隍、金城鎮庵前村孚濟廟聖侯恩主、金城東門里靈濟古寺（俗稱觀音亭）觀世音菩薩等神祇遶境坐鎮主壇。恭迎之日尚須準備鑼鼓隊、大鼓吹、神輿、五方旗、順盒金、香燭炮。待眾神祇遶境後，即供奉於村內昭應廟，並延請村中會元館內之「會元祖」（祀該村鄉賢許獬）前往作陪，同時於昭應廟前拜庭擺香案，廟內置圓形佛桌、交椅，桌上排列清茶、鮮花、糕餅、香煙，向遶境眾神祇致意，每天還由鄉老輪流照

顧香火，直到海醮結束爲止。

恭迎主壇神儀式

觀音菩薩 后湖鄉衆等恭迎邑主城隍蒞鄉主壇儀式 聖侯恩主
一、迎禮開始
二、全體肅立
三、主持者就位
四、奏樂（鳴炮）
五、上香
六、宣讀疏文
觀音菩薩 七、向邑主城隍行三鞠躬禮 聖侯恩主
八、奏樂（鳴炮）
九、禮成

（錄自許水澤先生校繕之后湖海醮參考資料）

后湖村海醮大致可區分爲昭應廟前的「佛壇」和海灘的「靈堂」兩部分，所須用品各不相同，爲便於區分，茲列述如下：

◆佛壇應備用品：天公亭乙座。山神、土地各乙尊。南斗星君、北斗星君各乙尊。表官乙尊。奏盤乙個。表盤乙個。七星燈一座。限官乙尊。

◆靈堂應備用品：靈厝乙座（四方公尺，前後落並加護龍）。面前山乙座。童子一尊。幢旛二支。五官服。桌頭乙對。仙鶴七隻。紅馬乙匹。水座乙座。舍官馬乙匹。雙帆船四十隻。幢旛二柄。庫錢箱（視實際需要而定）。水轆三支。庫錢八百擔（視當時實際情形由王爺指派）。更衣屋二座。木

屐二雙。訂製麯類接頭、腳、手若干個(由王爺指派)。

另據許加庚、許加和兩位老先生指出，爲了明確劃定設醮範圍，醮前須豎旗送牒，兩者同時舉行。

豎旗部分，早先只豎三面旗子，其後才又增加一面。旗長約一尺五寸，寬約一尺二寸，旗面淺黃色，旗頭白色，高度由村廟王爺決定。豎旗地點依序爲：南至泗湖村水溝南邊；北至昔果山村南方大溝口；東至中嶼（海底有一巨石）；西至后湖出海寮口（此爲中營旗）。

旗頭兩面各書：

「玉旨敕封代天巡狩六姓王府朱 邢 李列位正神全安鎮」

「玉旨敕封五甲尾池府王爺山西夫子金府王爺廣澤尊王　蘇府王爺　包府王爺列位正神全安鎮」

至於送牒時間則以潮水漲半爲宜。送牒地點位於海邊，並區分爲中界（中路）、北界（昔果山南，大溝口北）、南界（蓁岱仔）。送牒程序由中界而北界而南界。送牒儀式則由村廟王爺主持，並由鄉老（或主事）一人跪地上香、獻酒、宣讀牒文（南界、北界不須牒文），然後將牒文、冥紙持至海灘焚化。送牒時應備鑼鼓隊、五方旗、神輿、三牲三副（中界、南界、北界各一副）、酒三瓶、酒杯三個、鞭炮三串、冥紙三份（中界、南界、北界各一份）數量的多寡則由王爺作決定，另備香燭各三份。

隆重的海醮大典結束後一週內，村民尚須在昭應廟前建醮（作清醮）酬謝聖侯恩主、觀音菩薩、邑主城隍。並將海醮期間所焚化之庫錢灰清理打包，委請王爺擇日舉行送庫錢儀式，然後公推一艘漁船載送至海中（中砂）安放水中。安放時應備順盒金、香燭、鞭炮。待一切料理完畢後，就得護送聖侯恩主、觀音菩薩、邑主城隍回殿，敬送時尚須準備順盒金、香燭、鞭炮、鑼鼓隊

、大鼓吹、神輿、五方旗，並各備禮金一份（壓成禮金）安爐。整個醮儀至此畫下完美句點。

后湖村第七次海醮程序表（日期以國曆登錄）

日　　　　期	醮　　　　儀　　　　程　　　　序
九月二十五日	昭應廟前豎旗、敬旗腳、送牒迎神
十　月　四　日	敬迎邑主城隍、觀音佛祖、聖侯恩主蒞境坐鎮主壇、擺香案恭迎
十　月　五　日	后湖村海口定界址
十月二十六日	起鼓、安靈豎起、守靈、輪流照顧香案
十月二十七日	后湖海灘敬靈厝
十月三十一日	起鼓、發奏、敬請玉皇大帝、敬請水府龍王、演制煞戲、請轀神
十月三十一日	宣經、放兵、敬天公、閩劇公演、獻敬、犒軍
十一月一日	進表、閩劇公演、送玉皇、獻敬、拜懺、祝聖、見靈、敬靈、犒軍
十一月二日	拜懺、各界公祭、歡宴聯誼、登寶座、沐浴、焚庫錢、除靈、辭神

●立冬

國曆十一月七日或八日為節氣中「立冬」，象徵冬天已然開始。民間習慣於是日進補，俗稱「補冬」，冀望藉食補恢復元氣，增強禦寒能力。這一天的市場特別的忙碌，尤其是販賣雞、鴨、魚肉的小販更是大發利市。較講究人家甚至遵照曆書上所載的最佳「進補」時辰進補呢。

●小雪

國曆十一月二十二或二十三日為節氣中「小雪」，此時寒氣

越來越重，黃河流域一帶開始飄雪，因量不大、雪不深，故而號稱「小雪」。金門地區下雪的機率則微乎其微。

輯十一／葭月（十一月）

●初五日

金沙鎮高坑村澤峯宮境主太子爺，十一月初五日聖誕。因村小人少，一般都選在星期例假日設醮。

●十一日

金沙鎮沙美忠孝新村慈航寺每年十一月十一日起至同月十七日止，都會舉辦一年一度的「彌陀佛七」（俗稱打佛七）活動。

●十六日

金沙鎮山西村北嶽廟一樓嶽王公聖誕設醮。北嶽廟始建於南宋，毀於百年前，民國七十三年重建。為不見木（全部為鋼筋水泥建築）二層樓寺廟，一樓主奉嶽王公、王公娘；二樓主奉邢王爺。

●十七日

阿彌陀佛聖誕。

●二十四日

為金沙鎮蔡厝村鄉賢蔡復一誕辰。目前供奉於該村碧山宮中（境主為南斗星君），蔡厝村蔡姓居民暱稱為「復一祖」。蔡復一生於明萬曆五年（丙子年）十一月二十四日，卒於明天啟乙丑年十月初四日。目前有畫像一幅，每年冬至祭祖時，該村蔡姓子孫都會將之懸掛於蔡氏宗祠祖龕前供後人憑弔。蔡復一，字敬夫，號元履，金沙鎮蔡厝村人。曾官拜五省提都、七省經略、十二省巡按。目前金門人逢年過節必吃的「漆餅」（薄餅包菜餡），據說就是蔡夫人李氏發明的創舉。（圖一三七、一三八）

●大雪

國曆十二月七日或八日，是節氣中「大雪」，此時天氣更冷，北方的雪就越發下得更大了。

●冬至

在國曆十二月二十二或二十三日，是北半球夜最長，晝最短的一天，也是民俗上極具意義的節日。

圖一三八：金沙鎮蔡厝村蔡氏家廟。

圖一三七：
金沙鎮蔡厝村鄉賢蔡復
一先生畫像，每年冬至
祭祖時懸掛於該村蔡氏
家廟祖龕前供其子孫瞻
仰。

圖一三九：金門楊氏大宗祠「達山堂」冬至祭祖即景。

1. 拜湯圓：清晨須煮三碗湯圓拜佛祖，傳言搓完冬至湯圓，務必
   將手洗乾淨，否則手會綻裂。吃過湯圓後，習俗上認為一年將
   盡已長了一歲。

2. 祭祖：各家各戶皆要備菜碗祭拜祖先，各姓氏也要在宗祠內舉
   行祭祖儀式，以求慎終追遠。（圖一三九、一四〇）

3. 吃頭：昔日經濟不發達，冬至祭祖後的「吃頭」活動是人們最
   翹首以待的事，大抵不脫「新婚頭」和「老頭」兩種模式。

   ⑴新婚頭──居「吃頭」的大宗。一般來說，只要結婚即有「
      吃頭」權利，同時也要負「做頭」義務，普通以結婚時間為
      排列次序，愈早結婚者愈早「做頭」。輪到「做頭」者在冬
      至當天，必須負責宗祠祭祖事宜，並在當晚或中午準備豐盛
      酒席招待族人餐敘，不但量要多，質更要好。餐畢再把一副
      「墊腳龜」（麵製龜形糕餅）移交下位接棒的人。此外，尚

圖一四〇：冬至祭祖供品。

須搓「糖糕仔」（一種純白中間凹陷的扁圓形湯圓）餽贈左鄰右舍。
當族人中有不克趕回者，有的姓式可以外甥或未婚兒子替代「吃
頭」，有的姓式則不允替代。（圖一四一～一四三）

(2)老頭──若族中一時沒有新婚者，則改挑選年歲最大的「做
老頭」，此種「老頭」因得之不易，大家都視為一大榮耀，畢竟
只有長壽的人才有此良機。

(3)瓊林蔡姓鄉親大宗部分一年兩次「吃頭」，一為十月初六日
；一為二月初七日。

菜色方面仍具有相當傳統的特色，除了雞、魚、肉外，還要
有手工調製麵線盤、清蒸芋頭、大蒜炒肉、筍乾等，缺一不可。
至於掃墓祭祖方面，也獨樹一幟。每年分兩次辦理，其一為十二
月二十九日，由二十個當值頭家負責，除開三牲一副外，還要豬
肝一塊，因為據說此墓就葬在「豬肝穴」上面，其後代子孫也據
此而稱之為「豬肝墓」（位於村前恩主公廟旁）；另一次則為清明
節前夕，祭拜太武山上面的「龜仔墓」。只要是結過婚的瓊林蔡
姓子孫都可參與，祭奠完畢後除了可以在墓前就地野餐外，每人

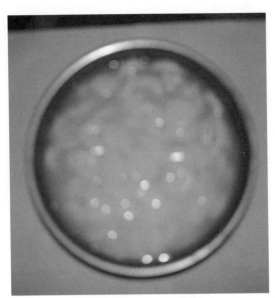

圖一四三：冬至祭祖傳統食品——「糖糕仔」。

圖一四一：冬至於宗祠內「吃頭」景況。

圖一四二：冬至「做新婚頭」交棒的信物——麨製紅色「墊腳龜」。

圖一四四：文建會前主委鄭淑敏，率同有關官員蒞臨金湖鎮瓊林村蔡氏宗祠評鑑古蹟。

圖一四五：一般家戶冬至祭拜祖先情形。

還可自當值頭家手中領回一份「鴨蛋柑」，內含熟鴨蛋、橘子、風車餅、米製茇花餅各一個。（圖一四四、一四五）

(4)金湖鎮成功村的「吃頭」也頗具特色，昔日還有「一桌吃、一桌看」（負責作頭宴客的人，除了要準備供族人享用的酒席外，還要準備另外的酒席擺在一旁供族人觀賞）的說法，但是經過作者查證的結果，始知此事確屬訛傳。成功村目前全村共分五房頭，其中一至三房屬「上房」；四至五房屬「下房」。「上房」由七位頭家負責；「下房」由三位頭家負責，每人均負責三桌酒席，除負責祭祖事宜外，當天還要宴請族人。酒宴得中最特殊的是一定要有一盤蒸雞、一盤蒸魚，而且固定是嘉鮘魚。為此每逢冬至前夕，該村陳姓鄉親便開始收購此類魚鮮。據說有一年就是因為實在買不到，輪值的頭家不得已只好向族長請示說，買不到嘉鮘魚，改用鮑魚替代可不可以，族長一時不察，隨口應允。可是當天的酒宴卻看不到蒸魚這道菜，族長大為光火，經查詢結果，始知上當受騙。因閩南語「鮑」與「免」（不用之意）諧音，而發生了如是的糗事。

輯十二／臘月（十二月）

●初三日

　　烈嶼鄉上林村上林三代公宮境主清水三代公聖誕，是日設醮
慶祝。

●十六日（尾牙）

　　十二月十六日既是尾牙日，也是土地公生日。每戶人家都應
備牲禮、菜碗、酒、茶等供品敬拜土地公和檺神，祀檺神時尚須
發粿一個。一些營商或開公司行號者，亦莫不趁此宴請所屬員工
，以慰其終年辛勞。尾牙過後，年關即屆，家家戶戶開始爲除舊
布新而忙於擇日進行年終大掃除的「採塵」活動。（圖一四六、
一四七）

●廿三日

　　爲送神日，俗稱「早送神占好位」，故而送神時間均選在上

圖一四七：「採塵」前應先將神龕及祖龕上灰塵擦拭乾淨。

午，敬拜時應焚燒神馬，供神明騎乘之用。（圖一四八、一四九）

●廿五日

觀音佛祖暫回天庭，而由天神下凡人間考察善惡，因此這一日每家每戶都要焚香膜拜。

●廿九日

晚餐改吃豆渣圓配雞湯，若是月無三十日，則吃豆渣圓時間可提前到廿八日晚。這天家家殺雞宰鴨迎新年，所以俗諺說「廿九暝，無飢餓媳婦」，表示再窮苦人家當晚飽食一頓殆無問題。

●卅日

除夕日，也稱年兜，各家各戶都要備五牲或三牲、菜碗、三杯酒和三杯清茶敬拜樑神，全家團圓吃年夜飯；如遠赴他鄉不克趕回者，仍須備份碗筷，由家人代為挾菜，每道菜象徵性挾一回。

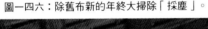

圖一四六：除舊布新的年終大掃除「採塵」。

圖一四八：十二月二十三日送神之前
　　　　　應先敬拜家中的觀音佛祖
　　　　　、福德正神、司命灶君。

圖一四九：送神時須燒「神馬」，每一
　　　　　尊神明騎乘一匹。

圖一五○：過年專用的「隔年飯」。

年夜飯中最具特色的莫過於一定要有魚，象徵年年有餘。也要炒盤冬粉或米粉或麵，象徵長壽。吃年夜飯時，忌諱一口氣吃飽，應吃一些，走動一會，再吃一些，傳說如此較不易作噩夢。

　　吃過年夜飯要守歲，所有房間皆要點火到天明。婦女亦要備一小盆「隔年飯」（上插一棵蔥、一支飯春和一棵大小連生的芋頭，象徵聰明、年年有餘和芋子芋孫），以及一小盆「隔年粉」（用地瓜粉連同海蚵所煮成的糊狀物食品），兩個盆上皆貼截紅紙，大年初五「隔開」以後才將蔥、飯春、芋栽在花盆中。待一切忙妥後，大人開始發壓歲錢，並拜司命灶君。婦道人家則將剩飯遍撒屋內四周各角落以饗老鼠，此即俗語所說的「分年」。（圖一五〇）

● 小寒

　　國曆一月六日或七日為「小寒」，象徵嚴冬已然來臨。俗諺「小寒大冷人馬安」應是最佳寫照。

● 大寒

　　國曆一月二十日或二十一日屬「大寒」，這是一年當中最冷的時刻。

　　除開上述一至十二月的經常性歲時節令外，每月初一、十五家家都要焚香點火，初二、十六且要敬拜地基主、犒軍拜門口；有汽、機車人士還要拜車公。敬拜地基主時，一般都在天井中，連同地基祖須備四雙筷子，面向大廳，焚燒經衣或金、銀紙。在門口犒軍時，不必用筷子、菜碗也少些（四碗即可），紙錢只燃壽金、改年通錢、甲馬等。敬拜車公時，祭品用水果或餅乾即可，紙錢則與拜地基主相當。

　　又為了祈求民和境安，有部分廟宇常定期舉行祈安法會，如金湖鎮護國寺訂在每月十五日，金沙鎮金剛寺訂在每月十六日，金湖鎮海印寺訂在每月十七日。

輯十三／其他節慶活動

第一單元　例行性活動──廟會介紹

（試以官澳村龍鳳宮平安醮為例）

第一天儀式

05：00	起鼓（敦請王爺慎選起鼓適當時機）
07：00	鬧壇（早朝）
07：30	發奏（發關文，闡述建醮事宜）
08：00	擺天公壇（或表裡），南北斗星君，貼（祝壽、美安、謝願）用的敬聯
08：30	祝聖（迎請眾神明）
09：00	誦老君經（勸善）
10：00	誦十一曜神咒（請聖位）
11：00	請神（獻敬之前先請神）
11：30	獻敬（首日獻玉皇大帝）
13：30	宣經（誦五斗經）
13：30	1・東斗經
14：00	2・南斗經
14：30	3・西斗經
15：00	4・中斗經（此一經典亦可於第二天誦讀）
15：30	5・拜斗（由三位法師共同誦讀北斗經）
19：00	鬧廳（晚朝）
20：30	進金紙

第二天儀式

07：00	起鼓（次日起鼓不必再挑選吉時）
07：30	鬧壇（早朝）
08：30	進表
09：00	安置山神爺、土地爺紙糊神祇
09：30	送天公（讀化紙科）
10：00	上經（誦天、地、水三官經）
11：00	貼榜文
11：30	獻敬（次日獻眾神明）
14：30	放兵（誦五營神咒）
15：30	鎮五方、遊境、吃三牲粿
16：30	安門符
17：00	犒軍
17：50	鬧廳（晚朝）
18：20	造橋
19：30	迎斗燈
20：00	辭神
20：20	撕榜文
20：50	收兵
21：30	安位

●起鼓

為整個醮儀的發端。醮儀可區分為平安醮與慶成醮（俗稱奠安）兩大主軸。為防凶煞起見，起鼓的時段都選在凌晨舉行，尤其是慶成醮更是馬虎不得。平安醮起鼓時須備有三牲一副，然後由主壇的法師或道士以金鼓揭開序幕。若是慶成醮則尚須準備一隻紙糊的「黑虎」。

●發奏

發奏即敬發關文，闡述建醮事宜，向玉皇大帝暨眾神祇稟報此次醮儀的性質是屬祝壽或屬謝願性質，猶如散發請帖一般。

●貼敬聯

廟會中使用之敬聯，可依祝壽、奠安、謝願之不同性質而有不同之聯語，如屬祝壽類的則直聯懸掛：「聖壽延長而不老；神明顯赫以悠存」。橫聯則書以「仰酬厚德」字樣。

●祝聖

醮儀開啟後，就應敬邀本家、本村、本境的列位神明前來觀禮。

●請神

獻敬之前的科儀。先禮請降臨醮壇的神祇略作休息、奉茶、吃點心。

●獻敬

一朝醮的獻敬只有一次，二朝醮則須重複兩次。首日敬獻給玉皇大帝，次日則獻給眾神祇。獻敬時須動用到三位法師同時運作，整個科儀可區分為：獻香、獻花、獻燈（四角燈，象徵添丁進財）、獻茶、獻果、獻疏牒經書、獻水（鹽米清水）、獻寶（金銀珠寶）、獻糖、獻飯（米糕飯）等十樣物品。（圖一五一、一五二）

●拜斗

拜請南斗星君、北斗星君。南、北二斗星君主生死，因而在

圖一五一：廟會中象徵玉皇大帝的紙糊神祇。規模較大者用天公亭；規模較小者用表裡。圖爲豪華型表裡。

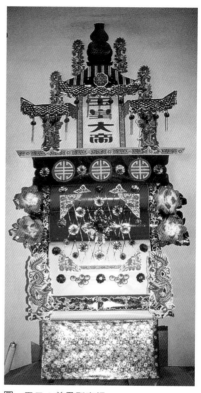

圖一五二：普及型表裡。

整個醮壇當中不論是懸掛的道場畫、供桌上的紙糊神祇或是拜桌上供奉的斗燈，都與二位星君有著密切關係。（圖一五三）

●放兵

三壇放兵召軍咒科：

(1)請五營頭咒

　法師主壇的五營頭名稱爲：

　東：張公聖者

　西：劉公聖者

圖一五三：懸掛於醮壇當中的道場畫。右爲張天師，左爲玄天上帝。

南：蕭公聖者

北：連公聖者

中：中壇元帥

道士主壇的五營頭名稱爲：

東：康蘇

西：馬孫

南：趙秦

北：溫蔡

中：李年

　　放兵須依各村落的範圍之大小而作不同的調整。大村落像官澳村放五營；小村落像後浦頭則只放三營的兵力。至於私人家中供奉的神祇則只能稱爲「放營」而不能稱之爲「放兵」，因爲放營的營兵只能待在營寨中加加菜，但不能外出。而放兵的兵衆卻無須受此限制，可以在自己管轄的範圍內從事警戒任務。至於兵

員人數方面，則可依不同方位而有明顯不同：

東：九夷軍，擁有兵力九千九萬人

西：六戎軍，擁有兵力六千六萬人

南：八蠻軍，擁有兵力八千八萬人

北：五狄軍，擁有兵力五千五萬人

中：三秦軍，擁有兵力三千三萬人

放兵順序圖：

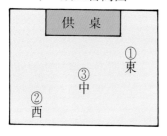

甲：放三營簡圖

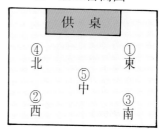

乙：放五營簡圖

(2)開鞭（使用法索）：「奉請先靈，先靈天地交兵，恩主（此地的恩主應隨各村廟的境主而作調整）有令，令我掌兵，兵隨向轉，將得能行，是我軍聽我令，是我軍聽法壇號令。一打天門開，二打地戶烈，三打人長生，四打鬼滅形，五打開吾營軍兵。……」

(3)召軍（法師腳踩七星步）：「祖師為吾來召軍，本師為我來召軍，仙人玉女來召軍，七祖仙師來召軍，含壇軍將來召軍，召軍三師三童子，召軍三師三童郎，神兵火急如律令。……」

(4)點軍總咒（點名）：「奉請閭山門下來點軍，點軍點馬三師三童子，點軍點馬三師三童郎，神兵火急如律令。……」

(5)排軍（派遣任務）：「祖師為我來排兵，本師為我來排兵，仙人玉女來排兵，七祖仙師來排兵，含壇軍將來排兵，排兵三師三

童子，排兵三師三童郎，神兵火急如律令。……」

「放兵」時供桌上供奉一尊鑑醮神祇（一般都禮請中壇元帥擔綱或是王爺印信代替。金湖鎮新頭村伍德宮則委由三軍爺負全責）、一塊「奉旨」、一條靈鞭（俗稱法索）、一副三牲、一份金帛、一把劍。此外若是有下壇爺（虎爺）出現時，那就須要準備另一份生的三牲禮供其享用。

「收兵」以前須先擲筊請示神明，待獲允之後，法師才能念「三壇收兵科」，此一科儀其中有一項「犒軍」儀式，藉以犒勞三軍將士護衛醮壇的功勞。收兵到底該收多少，並無定制，有時是放三營收兩營，留一營繼續執行戍守境域的任務。有時則須全部回收，這些都取決於神明的旨意。

●鎮五方

在整個醮儀中，安鎮五方屬重頭戲。事前由主壇的法師備妥東、南、西、北、中五支旗幟。旗幟的顏色並無定制，有些村落像金湖鎮新頭村是以青（東方）、白（西方）、紅（南方）、黑（北方）、黃（中央）區分為五支不同顏色的「五色旗」。有些村落則是由黃、黑、白三種顏色合組成一支的「三色旗」。有些村落則為「一色旗」，如金沙鎮官澳村的黑色旗、金湖鎮新市里的綠色旗等。每支旗幟上面依據神明的旨意，在不同方位的旗幟滾邊寫上不同的王爺名諱，委由這些王爺領兵鎮守各個不同據點，以防外力的介入。若是神明沒有特別的指示，則由法師依慣例在各旗幟上書寫各位聖者的名諱：東方（張公聖者）、南方（蕭公聖者）、西方（劉公聖者）、北方（連公聖者）、中央（中壇元帥）。各委重任、各司其職。然後依據神明指示的時辰，連同陣頭、乩童、神轎、法師（或道士）、信眾、工作人員等一行人浩浩蕩蕩遶著村境，依地形之便逐支安鎮，每支旗幟下面還要擺上一份金帛、一份糕餅，如此才算大功告成。

●布造金橋

圖一五四：
過布橋期間供拜
的限官（中）、
橋頭將軍（右）
、橋尾土地（
左）。

圖一五五：「進金紙」的五路神明由右而左依序為：註生娘娘、南斗星君、北斗星君、
閻羅天子、東嶽大帝。

圖一五六：
二朝醮（為期兩
天的廟會）必備
的紙糊神祇，由
右而左為：表官
、山神爺、土地
爺。

「布造金橋」俗稱「過布橋」。事前須委請糊紙師傅糊製限官、橋頭將軍、橋尾土地各一尊。（圖一五四～一六〇）

□金沙鎮官澳村龍鳳宮平安醮紅色大疏（兩朝醮專用。註一）

法事

祝壽植福　奉元門　封

具疏文福建省金門縣浯州嶼十七都陽田保官澳鄉居住鄉老并頭家及衆士女人等就龍鳳宮建壇奉

法宣經設醮酬恩　　祝壽答謝植福　　　祈求平安　事

鄉老（八人。本命、建生）

神乩（四人。本命、建生）

神譯（八人。本命、建生）

頭家（十四人。建生）

男女

鄉衆×××　　…………………

×口

泊合鄉衆男女即日全誠拜干

鴻造所伸意者　　　伏以

廣澤尊王天上聖母　黎高府王爺聖德無私庇羣生之有感茲逢

華誕聊一祝以虔誠升香寶蓋　詞達

穹庭切念衆等自承先人以來一心敬奉

廣澤尊王天上聖母　黎高府王爺列位正神香火整立神像歷顯威靈

福蔭鄉邦惠沾社里爲一村之主宰作四時之瞻依朝夕怗恃日夜扶持

知飯有自報答末由茲於今日二十一連二十二日仗法抵龍鳳宮　啟建

閭山法主醮壇　設供　祝壽法壇　吉時起鼓　關發文字　上奏

天庭帝闕下告地水攸司拈香行法啟迎聖真宣經典以消災祝神登而降福臨午上供酌水獻花晚朝廣設法壇行

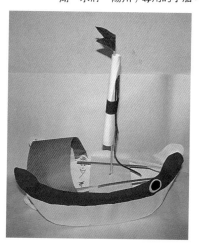

圖一五七：二朝醮專用的七星燈。

圖一五八：「栽花換斗」解運用的「花盆」。五朵白花、二朵紅花象徵五男二女；兩側
　　　　　各兩位手持水桶、掃帚的顧花童子。

圖一六〇：金寧鄉上后垵村聖侯廟建醮用王船。

法禮拜斗星暫宿梵音半夜稍停祕典翌日清晨禮師　進拜
星主紫微表文　　虔備牲筵酒醴金帛如儀　　　三獻陳情
寶金　　錢馬　　叩答
上天　玉皇大天尊笑納微意化貢珍金寶鈔奉送帝駕還宮再設淨供
散繞奇花　慶祝
廣澤尊王　　　　　　　列位正神千秋恭祈平安事至下晚鳴揚
角聲召集軍兵敕造靈符
恭候
聖駕出社繞境奉符安鎮五方界內降福迎祥必備牲筵酒果犒勞
兵馬收繳華筵畢
布造金橋（註二）
　　　　　　立行消除禍患　　　伏蒙
天慈俯垂申錫　　風調雨順　　　國泰民安　　　鄉閭肅靜
人口增進　惟願
聖壽延長超三光而不老神明顯赫歷萬古以攸存　　農工商學
各得其利　　山上五穀豐登　　村中六畜興旺
海路如意　　日見加升　　災害不侵　　吉曜常臨
家家迪吉　　戶戶喜慶　　男增百福　　女納千祥
四時納福　　八節延禧　　凡在歲時之中　　全賴
神恩巨庇具疏　以
聞
天運（干支）年八月二十一連二十二日焚香叩疏拜干

〔註一〕：此一紅色疏文於兩次的獻敬和拜斗時由主壇的法師誦讀，前後共
計三次。
〔註二〕：布造金橋這一科儀並不是每一個村廟都有，例如金沙鎮官澳村的
龍鳳宮這幾年建醮都不曾舉辦過。

□金沙鎮西園村聖義宮平安醮榜文

　　　　請　福　延　生

　　　正一盟威經籙　　　九天奉　　三壇金掛黃榜　　陳　　爲

　　　今據福建省金門縣浯洲嶼十七都陽田堡西園鄉居住虫民等就
聖義宮　建壇　奉法

　　　宣經設醮酬恩　　祝壽答謝植福　　　祈求平安事

　　　鄉老黃承基黃情鎮黃水現黃奕妙陳金標

　　　神乩林添順黃慶雲黃永建黃丁財陳清道

　　　神譯黃瑞獅黃世澤黃金田黃世國黃水福黃金坡黃世宗黃養再
黃世團黃懷玉黃清華楊福來黃佩玉黃世岩陳清育

　　　頭家莊印海黃鼎足王水生黃展宏李聖管

　　主任委員黃朝宗

　　副主任委員黃國民陳永言

　　委員黃聰明黃來興葉宗仁黃鴻利陳來遠黃振展黃明忠黃天平黃
世澤黃榮燦黃平生黃世雄黃世國黃進吉黃國棟黃昭添黃忠隆黃維
岩莊印海黃天賜黃養再黃振邦黃媽全黃永贖陳水傳黃水木黃平山
　　　　　　　　暨合鄉眾士女人等同保均安共增福慶

　　　鴻造所伸意者　　伏以

　　關聖帝君　聖德無私庇羣生之有感茲逢華誕聊一祝以虔誠升香
寶蓋　詞達

穹庭切念眾等自承先人以來一心敬奉

　　關聖帝君　列位正神香火整立神像歷顯威靈福廳鄉邦惠沾社里
爲一村之主宰作四時之瞻依

　　朝夕怙恃日夜扶持知皈自有報答未由茲於今月二十三連二十四
日仗法　抵　聖義宮　啟建

　　閭山法主醮壇　　設供　祝壽法壇　　吉時起鼓　　關發文

字　　　上奏

天庭帝闕下告地水攸司撚香行法啟迎聖真宣經典以消災祝神燈而
降福臨午上供酌水獻花

　　　　　　　敬備

　　金帛如儀　　　三獻陳情　　　寶金錢馬　　　叩答
玉皇大天尊喜納微意恭祈平安事至黃昏禮拜斗星暫宿梵音半夜稍
停祕典翌日清晨禮師　進拜

　　星主紫微表文張掛丹榜虔備牲筵酒醴化貢珍金寶鈔奉送

　　帝駕還宮再設淨供散繞奇花　慶祝

　　關聖帝君　列位正神千秋下晚鳴揚角聲召集軍馬敕造靈符

　　　　恭候

　　聖駕出社繞境奉符安鎮五方界內以及各家戶降福迎祥必備牲醴
果品犒勞帥將收繳華筵畢

　　　　布造金橋　度限過厄立行消除禍患今即玄壇初啟合請籙中帥
將值日諸天功曹衛壇輔助

　　　請疾速掃蕩妖氛肅靜壇界　　　祇迎

　　恩光毋忒不恭上干威禁

　　　　　　　　　謹榜　　須至榜者

　　太歲　　　丙　子　年　　六月

　　　　　右榜曉諭　　各宜知悉

　　　　　　　　　榜　　　　發壇外掛

　　　神光受命　　普掃不祥

平安醮醮壇配置簡圖（由法師主壇）

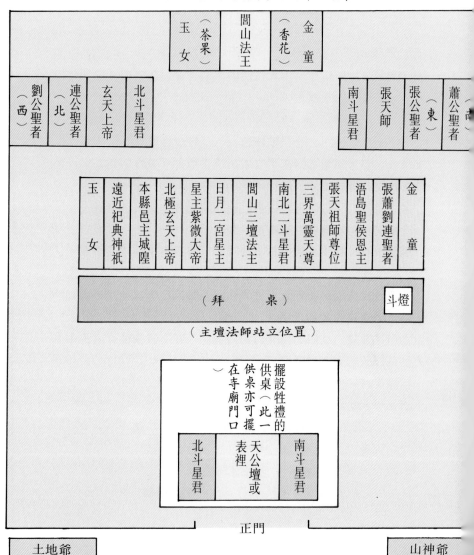

| | | 玉女（茶果） | 闔山法王 | 金童（香花） | | | | |

南斗星君　張天師　張公聖者（東）　蕭公聖者

劉公聖者（西）　連公聖者（北）　玄天上帝　北斗星君

玉女　遠近祀典神祇　本縣邑主城隍　北極玄天上帝　星主紫微大帝　日月二宮星主　闔山三壇法主　南北二斗星君　三界萬靈天尊　張天祖師尊位　浯島聖侯恩主　張蕭劉連聖者　金童

（　拜　桌　）　　斗燈

（主壇法師站立位置）

擺設牲禮的供桌（此一供桌亦可擺在寺廟門口）

北斗星君　天公壇或表裡　南斗星君

正門

土地爺　　　　　　　　　　山神爺

［註］供桌上的牲禮：五牲（豬頭、腿肉、魚、雞、鴨等）一副，大型發粿一個、粽子一串、三宿一副、菜碗十二碗、紅圓一盤。

「斗燈」內須擺放大麥、春粟、棉尾、芋、福圓、白穀、銅鏡、剪刀、尺、韭菜、芋頭、劍等十二樣物品。此些物品主要是提供破煞之用，故而只要建醮就一定要準備一個「斗燈」。

第二單元　偶發性活動——祈安法會

跨越時空大法會——國聖金蘭勝會側記

「到金門去！去風風光光地辦一場超薦戰地國殤忠靈孤軍大法會！」這是兩年前某個夜晚，台北護國延平宮王慶文主持，曾夢見國姓爺——鄭成功如是地託夢給他。自此之後，王主持便無時無刻不惦記著這場法會。然在經費遍尋不著的情況下，此事一拖就是兩年。

民國八十五年（歲次丙子）國曆六月十二、十三、十四日（農曆四月廿七、廿八、廿九日），王主持終於排除一切艱難，在金門各界盛邀之下，於民族英雄鄭成功得道三百三十五週年的前夕，親率一批為數高達三百多人的回鑾謁祖進香團來金圓夢，也來金了償夙願。為了讓這次的法會得以順利成功，台北護國延平宮早在數月前，即派遣數十位先遣人員來金積極籌畫各有關事宜，其中又以糊紙師傅的尋覓最為先遣人員積極進行的重點。

總算皇天不負苦心人，大夥兒終於在金城街上找到了翁明鑫師傅，整個法會所有的紙糊神祇均由翁師傅一手包辦，舉凡大士爺、神虎、山神、土地、溫元帥、馬元帥、康元帥、趙元帥、翰林院、同歸所、沐浴亭、金山、銀山等，純熟精湛的手藝、公平合理的價位，在在都令人讚不絕口，尤其隨隊前來的青龍大法師更是對這一蕞爾小島，竟有這般傳統的技藝留下深刻的印象。以往金門地區所有的廟會，不論是平安醮或是慶成醮（奠安），紙糊神祇均不曾見過開光儀式，此次法會的開光儀式毋寧是最大特徵。此外，這次法會的另一項特色就是豎燈柱，這對金門人來說也是一次難得的經驗，為一睹其特色，筆者曾多次前往採錄，並拍下許多珍貴畫面。

祈安法會在金門並非首創。民國八十四年三月一日至五日，為期五天，由台北士林智嚴精舍及百餘位法師來金舉辦的梁皇祈安吉祥法會，就曾在金門縣立運動場前隆重舉行過。然此次由道

士主壇的法會和前次由佛教高僧主壇的法會基本上性質就截然不同，加上此次全部依循古禮的「三獻禮」儀式來進行，亦為特色之一，儘管金門的奠安大典當中，常有「三獻禮」的儀節，但是規模實無法與之相提並論。

法會於金城鎮夏墅村後高崗上的延平郡王祠隆重舉行，分內、外兩壇同時運作，盛會工作人員且先行將迎自台北護國延平宮的恩主（延平郡王）聖像、張天師聖像、九天玄女聖像暨恩主的四大將軍：甘輝（粉面）、萬禮（紅面）、陳永華（粉面）、馬信（黑面）以及太子爺等神祇安壇入座。待一切布置妥當後，六月十二日當天下午兩點左右，首先由各陣頭為前導，籌組一支相當龐大的遶境隊伍，揭開了盛會的序幕。遶境隊伍最先前往位於金城國中旁側的福建省政府恭請省主席吳金贊先生點燃天燈，然後轉往金門縣政府恭請縣長（由縣府主任秘書翁廷為代行其事）點人燈，最後再前往金城鎮浯島城隍廟禮請顏西林先生點地燈。三點整開始傳奏發表，緊接著是法會啟聖、解結釋罪、祝燈延壽、召引奠位、傳燈晚留等儀節。十三日的活動為早朝啟聖、行香安灶、接迎龍神、雲廚午供、九幽拔渡、安恤孤魂、宣科祭酒、開啟證盟、淨壇結界、重伸留駕。十四日的儀式有稽師會聖、酬答天恩、排班奏敬、犒賞軍兵、普施孤魂、送聖完美等，為期三天的整個法會終於順利完成。

整個盛會的重頭戲是在第三天上午的「三獻禮」。法會由台北市長陳水扁擔任執彩官（其後因故未曾出席）、福建省政府省主席吳金贊擔任懿旨官、金門縣長陳水在擔任主祭官、金防部司令官顏忠誠擔任副主席並負責發表傳奏、金門縣議會議長王水彰擔任調祭官、鄭景雲任司財官、葉德財任典祭官、蔡是民任監祭官、鄭清平任社稷官、李國基任法祭官，其他像盛會執行委員會代表、盛會主席團全體代表、台北護國延平宮進香團、鄭氏宗親代表、義女隊紫光營代表、全金門宮廟同修代表、貴賓及信徒代表

、鴻達誦經團人員等暨各機關團體代表均出席此一盛會。「三獻禮」在井然有序、序中有規的情況下持續運作著，一時鐘鼓齊鳴，所有與會人員在道士前導、禮生吟唱下，依序穿梭於內、外兩壇之間，儘管大家揮汗如雨，但爲了拔渡三軍將士，更爲了撫卹孤魂忠靈，這一點犧牲又算得了什麼呢？（此一單元承蒙台北護國延平宮主持王慶文先生殷切指導，自由時報記者王瓊婷小姐、趙明志先生熱心提供盛會相關訊息，金門金城糊紙師傅翁明鑫先生解惑，特此一併致謝。）

圖一六一：國聖金蘭勝會祝嘏大典布置圖。

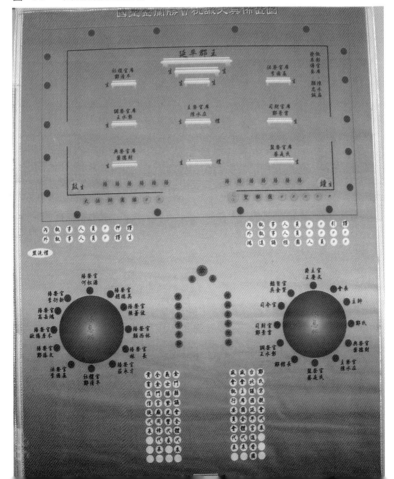

國聖金蘭勝會祝嘏大典布置圖

社稷官席　延平郡王　　法祭官席　　執彩官席：陳水在
鄭清平　　　　　　　　　李國基　　　發表傳奏：顏忠誠

生　　　　　生　　　生　　　　　　生

生　　　生

調祭官席　　　　主祭官席　　司財官席
王水彰　　　　　陳水在　　　鄭景雲

生　　　　　生　　　　禮　　生　　　　　生

典祭官席　　　　　　　　監祭官席
葉德財　　　　　　　　　蔡是民

生　　　　　生　　　　禮　　生　　　　　生

鼓生　陪　陪　陪　陪　陪　陪　　　　陪　陪　陪　陪　陪　陪　鐘生

○ 大法師團　　　○　　　○ 司儀　　聖樂團　　○

內執事人員：押讚　　　　　　　內執事人員：引　讚
外執事人員：讚生　　　　　　　外執事人員：

　　　　　　　　　　　　　　　鴻達誦經人員

| 盥洗禮 |

陪祭官：李衍新　　　　　　傘　　　　　懿旨官：吳金贊
陪祭官：何松源　　　　　　　　　　　　爵主官：王慶文
趙瑞英　　　　　　扇　　扇　　　　　會長
張蒼波　　　　　　燈　　燈　　　　　主帥
顏西林　　　　　　鑼　　鑼　　　　　鄭氏
林　長　　　　　　角　　角　　　　　典祭官：葉德財
莊永才　　　　　　　　　　　　　　　主祭官：陳水在
鄭清平　　　　　　旨　　令　　　　　監祭官：蔡是民
李國基　　　　　　肅　　迴　　　　　鄭館長
鄭添文　　　　　　靜　　避　　　　　調祭官：王水彰
歐陽彥木　　　　　　　　　　　　　　司財官：鄭景雲
高岳鴻　　　　　　　　　　　　　　　司令官
（以上人員成圓形排列）　　　　　　　（以上人員成圓形排列）

貴賓及信徒代表　　全金門宮廟同修代表　　義女隊紫光營代表　　盛會執行委員會代表　　盛會主席團全體代表　　台北護國延平宮進香團　　鄭氏宗親代表

附圖一　　　　　　　禮　　　　　讚
　　　　　　　　　　迎神案席

國聖金蘭勝會外壇布置圖

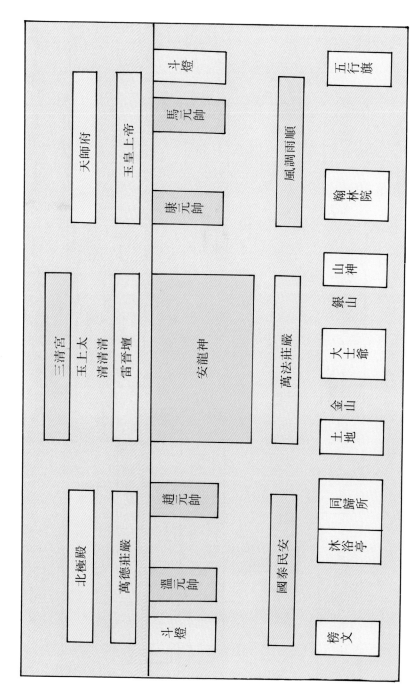

附圖二

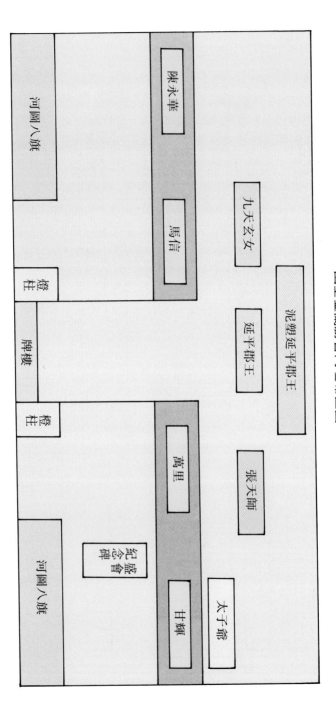

國聖金蘭勝會內壇布置圖

附圖三

圖一六二：國聖金蘭勝會外壇。中為大士爺、神虎，右為山神爺，左為土地爺。

圖一六五：國聖金蘭勝會中使用的斗燈。

圖一六三：國聖金蘭勝會的燈柱及柱上的「荣刀旗」。

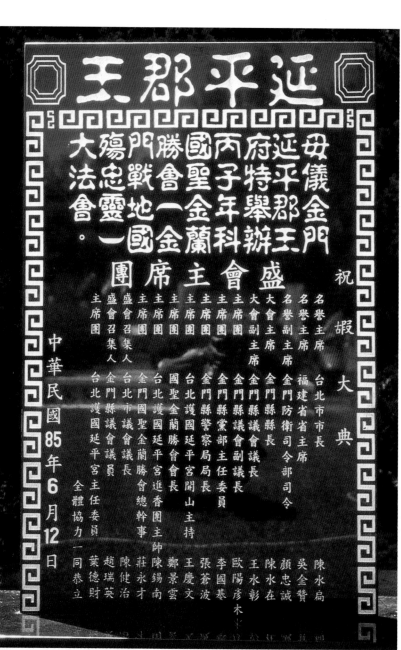

圖一六四：國聖金蘭勝會的碑文。

輯十四／參考書目、訪談人士

參考書目

一、金門縣志（上、中、下冊）　　　　　　金門縣政府印行

二、金門季刊（四十二期）　　　　　　　　金門縣政府出版

三、金門季刊（四十三期）　　　　　　　　金門縣政府出版

四、金門季刊（四十六期）　　　　　　　　金門縣政府出版

五、金門的民間慶典（楊天厚、林麗寬）　　台原出版社出版

六、二十四節氣與農漁民生活　　　　　　　內政部、中華民國

　　　　　　　　　　　　　　　　　　　　農訓協會編印

七、金門縣湖峯鄉土誌（楊志文）　　　　　金門縣湖峯楊氏宗親會

八、后湖村海醮參考資料（許水澤整理）　　金寧鄉后湖村

九、金門農工職校校刊（耕耘第三期）　　　金門農工職校

十、母儀金門城、台北護國延平宮

　　丙子年科「國聖金蘭勝會」金門超薦戰地國殤忠靈孤軍大法會

十一、台北護國延平宮

　　丙子年科「國聖金蘭勝會」暨金門超薦戰地國殤忠靈孤軍大

　　法會特刊

本文重要訪談人士一覽表

目次	姓　名	住　　　　　　址	職　　　　　業	性別
一	陳梅濤	金寧鄉埔後十三號	法師	男
二	林金樹	烈嶼鄉雙口村三十八號	道士兼糊紙業	男
三	翁明鑫	金城鎮民權路一五一號	糊紙師傅	男
四	楊國慶	金城鎮莒光路八十一號	奇香糕餅店老闆	男
五	蔡碧輝	金城鎮莒光路八十一號	奇香糕餅店老闆娘	女
六	李金鐘	金沙鎮官嶼村三十六之二號	農	男
七	陳爲仕	金沙鎮何厝四十八號	樂師	男
八	楊　鶴	金沙鎮何厝四十八號	家庭主婦	女
九	楊黃心	金沙鎮官澳一三一號	家庭主婦	女
十	黃　培	金城鎮水頭村一三七之一號	農	男
十一	黃城池	金城鎮水頭村八十二號	水頭村村長	男
十二	傅永成	金城鎮中興路二十九巷四號	商	男

十三	楊再平	金門觀光協會	總幹事	男
十四	陳水義	金門區漁會	理事長	男
十五	黃金峯	金門區漁會	推廣課長	男
十六	陳炳容	金寧中小學	教師	男
十七	葉鈞培	金門農工職校	教師	男
十八	蔡錫炎	金湖鎮瓊林村一○○之一號	公務員	男
十九	陳　牽	金寧鄉古寧頭村	白灰窯負責人	女
二十	黃獻鐘	金沙鎮沙美街三民路三十一號	金昌裝佛社老闆	男
二一	黃靜柯	金城國中	教師	男
二二	顏西林	金城莒光路存德中藥房	老闆	男
二三	許水澤	金寧鄉后湖村十三號	退休教師	男
二四	許加庚	金寧鄉后湖村三十三之二號	農	男
二五	許加和	金寧鄉后湖村三十四之一號	農	男
二六	陳義乞	金城鎮金門城南門六九之七號	退休教師	男
二七	陳國林	金城鎮金門城南門三七之一號	退休公職人員	男
二八	顏章榮	金城鎮金門城南門六四之一號	長老	男
二九	成金章	金城鎮金門城南門里	農	男

三十	楊志文	金寧鄉湖下村十五號	鄉老	男
三一	林元典	金寧鄉上后垵二十之一號	乩童	男
三二	呂添火	金湖鎮庵邊村十二之二號	農	男
三三	呂世榮	金湖鎮庵邊村十二之二號	鎮代表	男
三四	洪永得	金沙鎮沙美忠孝新村四十四號	公務人員	男
三五	陳清南	金湖中小學	教師	男
三六	蔡金木	金沙鎮蔡厝村十八之一號	農	男
三七	陳木漳	金門農工職校	技佐	男
三八	洪彬文	烈嶼鄉青岐村四十六號	道士	男
三九	董成真	金城鎮古崗村五十八號	法師	男

國家圖書館出版品預行編目資料

金門歲時節慶/楊天厚，林麗寬著. --第一版
-- 臺北縣永和市 ： 稻田，民85
面； 公分，--(金門學叢刊；KM007)
參考書目;面
ISBN 957-9503-53-2(平裝)

1.節日 - 福建省金門縣 2.歲時 - 福建省
金門縣

538.59　　　　　　　　　　85012280

《金門學》叢刊　KM007

金門歲時節慶

著　　者：楊天厚、林麗寬
攝　　影：楊天厚、林麗寬
總 策 畫：陳水在（金門縣長）
總 校 訂：龔鵬程（佛光大學校長）
總 編 輯：楊樹清（金門報導社社長）
主　　編：楊再平（金門觀光協會總幹事）
發 行 人：孫鈴珠
出　　版：稻田出版有限公司
登 記 證：局版台業字第5339號
地　　址：台北縣永和市永安街4巷8號一F
電　　話：（02）9262805
傳　　真：（02）9249942
郵　　撥：1635922-2 稻田出版有限公司
法 律 顧 問：蕭雄淋律師
分 色 製 版：長城製版印刷有限公司
地　　址：台北縣新店市寶橋路235巷6弄6號7樓
印　　刷：鴻展彩色印刷股份有限公司
地　　址：台北縣新店市中正路四維巷2弄3號
出 版 日 期：1996年（民國85年）11月　第一版第一刷

定　　價： **360元**